30堂帶來幸福的思辨課

30 Days to Better Thinking and Better Living Through Critical Thinking

琳達·艾爾德、
Linda Elder
理察·保羅——著
Richard Paul

林佳誼——譯

多想一點，
發現更有深度的自己

A Guide for Improving
Every Aspect of Your Life,
Revised and Expanded

推薦序　未來最重要的能力——學習如何思辨

許毓仁（哈佛大學甘迺迪學院資深訪問學者、前立法委員）

我們的日常生活被千千萬萬的思緒所左右，人生更是無數個選擇所交織而成的路線圖。在不斷前進，汲汲營營的同時，我們是否也忘了思考的重要呢？

我們是否曾經想過，我們是否隨波逐流；被生活推著前進，我們是否有時間喘口氣，停下來想想我們是否忠於初衷，對人生的熱情是否依舊？台灣的教育制度如同堆鬆餅，一層一層堆上去，孩子們鮮少有喘息呼吸的空間，每個階段都好像被安排好，從一個格子跳到另外一個格子。父母親害怕自己的孩子輸在起跑點，競爭讓我們變成了考試機器，會填標準答案，卻不會思考；教育像製造業一樣，生產出的產品（學生）卻要面對沒有標準答案的人生。我們被強迫記誦公式，卻沒有被訓練思考和問問題。

思考讓你的世界更廣大

我很幸運，在大學畢業當兵前的空檔，利用打工存錢到中南美洲自助旅行半年，這趟人生的「壯遊」走了八個國家，路程長達八百公里；過程中我徹底放空，放下既有的思維模式，用心觀察，用雙腳走，搭公路便車、火車、坐船，學習從別人的角度看自己，思考自己和世界的關係。

我的生命有了一段空白，我也真正有機會慢下來思考，這個自我追尋的旅程也是一種對生命意義哲學式的探索，我反覆不斷地思考著以下的問題：

我是誰？

我從哪裡來？

我來到這個世界的任務是什麼？

這個世界如何因為我的存在而不一樣？

這段年少時期的壯遊，從瓜地馬拉開始，結束於祕魯，長達一百八十天。這些問題的答案至今依然無解，但是卻為我人生的思考奠定了基石。思考在於自我能否建立一套價值系統，把問題抽絲剝繭到最基本的點，並從中去驗證而不是類推，再從驗證過程中找到基礎的真理。

學習重新定義問題

另外一個重要的思考元素是「重新定義問題」。我們經常迷失在找答案中，殊不知如果沒有問對問題，正確的答案也無從找起。我們的教育訓練我們找到標準答案，卻沒有教我們如何問問題。

其實，思辨（critical thinking）就是從思考進而辯證。思考一個重要的部分就是定義問題（define problem）：問題的核心是什麼？哪些因素造成了問題？它們之間的相關性是什麼？在問題結構中的利害關係者（stakeholders）有哪些？這些其實都可以透過思辨來解構，而駕馭我們思考的就是「習慣」了。

我們的思考模式無意識地被習慣所左右，而習慣又是架構在層層的生活經驗上，這些生活經驗如同檔案一樣儲存在潛意識的硬碟裡，當我們遇到問題時，這些檔案排列組合成某種結構，浮現在我們尋找答案的路上。這樣的習慣讓我們可以解決大部分的生活問題，卻也讓我們困在思考的迴路裡。許多問題並非單一知識（domain knowledge）可以解決，還是要打破框架，重新定義問題才能真正找到想要的答案。

永遠回到原點思考

我們常常為了事情不如意而感到難過或憤慨，雖然很多事的結果的確經常不盡如人意，但是更重要的是思考的過程。如果你曾經注意過蘋果（Apple）電腦的logo設計，你會發現那顆被咬了一口的蘋果，竟是由好幾個不同大小的圓重疊組合而成，呈現的結果是一個比例完美的logo。思考的過程就是不斷地辯證，回到原點，想像使用者需要什麼樣的體驗，時時回到初衷，探索每個環節，結果或許就會因此而不同。

愛因斯坦說：「我們不能用昨日的思維來解決今日的問題。」（We cannot solve our problems with the same thinking we used when we created them.）在這資訊紊亂爆炸、注意力短暫、價值觀拉扯的年代，這本書的出版有其重要性，因為思考是一輩子的課題，更不能抄捷徑，當我們的社會開始重視思辨能力的時候，我們才能真正解決問題。這是一個思辨新紀元的開始，值得你我共同參與。

推薦序　追求批判思考，改變失調人生

陳瑞麟（中正大學哲學系講座教授）

這本書是一台心靈的X光機，它可以透視我們心中潛伏的陰暗、缺陷與毛病；它也是一把鋒利無形的手術刀，割除我們心靈中容易滋生蔓延的癌瘤；它更是一餐一餐溫和有效的營養食療，可以豐富我們的心靈、促進思想成長，終而培養出利人利己的智慧。

本書從診斷人人與生俱來的「自我中心」本性開始，指出因為人們自我中心的本性，容易導致不理性的「失調」想法，甚至「失調」的人格（猶如身體機能的運作失調，甚至長期處於疾病狀態）。如果要拒絕這樣的人生，只有透過學習批判思考、培養思辨能力，進一步養成「理智美德」（intellectual virtues），我們才能活出真正幸福美好的人生。

「理智美德」是很重要的概念，值得在此多說幾句。長久以來，我們的社會過於片面地重視「知識」與「資訊」，以為只要有大量足夠的資訊和知識，社會就能享受經濟成長的果實，滿足我們的一切欲望。

從物質欲望滿足的角度而言，這一點也許沒錯，但是過度物質欲望帶來情緒的焦躁、憂慮、抱怨、操煩、情緒起伏——也就是一個失調的人生，進而產生大量被欺騙、被支配、被犧牲的社會底層者，以及極少數誇富、炫耀、支配他人的統治階級（但這些人當然不能免於種種負面情緒的人生）——也就是一個「朱門酒肉臭，路有凍死骨」的失調社會。

本書提醒我們這些嚴重的後遺症，教導我們透過批判思考來養成理智美德，以便診斷、甚至救治失調人生和失調社會，成為一個先進、開明與造詣高深的思考者。

追求理智美德，就是追求更好的自己

「理智美德」包括「理智正直、理智謙遜、信任理性、理智堅持、公正不偏、理智勇氣、理智移情、理智自主」，這些美德不僅僅是「理智的」，也是道德的，它們的整體就構成我們傳統上所說的「智慧」（wisdom）。換言之，這也是一本追求智慧的工具書。

當代哲學有一股趨勢，從重視「知識分析」轉向重視「理智美德」的養成，本書呼應了這股哲學潮流，具體有效地把高深的哲學思考，轉化成平易近人的大眾書籍。

讀者或許會對「理智美德」這個詞彙感到陌生或困惑，但可能熟知誠實、公正、剛直、廉潔、心口如一、同情、寬容、博愛、奮進等等「美德」，這些傳統上屬於道德和行為的德目。那麼，理智美德和這些行為德目有什麼不同？事實上，理智美德都是一種道德行為的德目，而且理智美德也能夠幫助道德美德的養成，正如本書不斷地教導我們勿盲目服從、不要只想支配他人、對政客的言行慎思明辨、對他人心存寬恕、塑造自己成為「世界公民」（而不要變成一個盲目的愛國主義者或狂熱的國族主義者）、不以善小而不為等等，都是在期許和指引讀者變成一位「美德之士」（virtuous person）。

筆者在大學教授多年的「批判思考」通識課程，也寫過教科書《邏輯與思考》（學富出版），從上課經驗與同學的回饋反應中，深深感受到「批判思考」對於日常生活的重要性。可是，筆者的課程和著作內容，還有坊間多數中英文的批判思考書籍，都著重在學術性、原理性的語言，以及邏輯規則和謬誤的知識傳遞，較少涉及實際的日常生活、人際關係與情感面向。雖然筆者在上課時會盡量舉生活實例，也期待同學能將所學原理應用到日常生活上，但總缺乏系統性與完整性。現在，這個缺失可以由本書來補足了！更重要的是，本書提供的不是抽象的原則與知識，而是較具體的「策略」，以幫助讀者逐步地建立批判思考的能力，這一點讓本書的實用性更加彰顯。

儘管如此，本書並不能取代學術性的批判思考課程或書籍，因為它沒有詳細討論如何理解語言的結構、如何做意義分析、如何依據規則做合理推論，以及如何辨識他人言論和推論中的謬誤。本書的適當使用是做為學術性批判思考課程的補充教材，或是讀者在閱讀本書之後，宜進一步學習較抽象的原理和規則，才更能達到本書所列出的九個「理智標準」：明確性、正確性、精確性、相關性、深度、廣度、邏輯性、重要性和公正性。

最後，讓我引用本書對人性的診斷來終結這篇短文：

「人類並不是天生就會為他人的權利與需求著想。我們不會自然而然地體會其他人的觀點，或是了解自身觀點的侷限。唯有經過訓練，我們才能明確意識到自己的自我中心……我們總是自然而然地相信自己的直覺，無論那錯得有多離譜。我們通常不是使用理性思考標準，而是用自我中心的心理標準來判斷該相信什麼、該拒絕什麼。」

這幾句話值得每個人、尤其是當今和未來國家的主政者咀嚼再三，因為你們的思考品質決定了成千上萬人的命運。

目錄

30堂帶來幸福的思辨課

前言　透過思辨，才能達成任何你期待的改變

「思考是一種技巧，我們並非與生俱來就有清晰的邏輯思考能力。你不該期待人們未經訓練，就擁有清晰的邏輯思考，就像你不該期待人們從未學習或練習，就能成為好的木匠、高爾夫球手、橋牌玩家或鋼琴家。不過，世上仍有許多人顯然認為，清晰正確的思考是如此簡單且自然，任何人都可以辦到，而且每個人的思考內容都同樣確實可靠。」

——曼特（A. E. Mander），《通俗邏輯》（*Clear Thinking: Logic for Every Man*）

我們所做的每件事，都會牽涉到思考。思考告訴我們該相信什麼、該拒絕什麼，什麼是重要的、什麼是不重要的，什麼是真的、什麼是假的，誰是我們的朋友、誰是我們的敵人，以及我們如何安排時間，從事什麼工作，居住在什麼地方，該與誰結婚，甚至該如何養兒育女……。任何一切我們所知道、相信、想要、恐懼與期盼的事物，都是思考的結果。

而且，我們的生活品質，主要也是取決於思考品質。思考的內容，意味著我們會怎麼去進行一切該做的事情。

你的工作品質取決於思考品質，因為你會推論或判斷工作上所面臨到的問題。你的人際關係品質，也取決於你在這些關係中所做的思考。目前你在閱讀這本書時所了解的每個意涵，也都來自於思考。你對於了解、吸收書中概念的能力，同樣取決於你閱讀時的思考品質。

由此可知，學習思辨能力相當重要，這是一種經過訓練的藝術，確保你能夠在各種情況下，用上自己最好的想法。透過發展思辨能力，你就可以開始掌控那些原本控制著你的思想。

無論你的處境或目標是什麼，無論你身在何處或面臨什麼問題，只要你能夠掌控自己的思考，情況至少都會稍有改善。不論身為父母、情人、朋友、公民、消費者或是專業人士，在人生中的每個領域及情境中，思辨能力都會帶來好處。相反地，思慮欠佳必然會造成問題、浪費時間精力，並引發挫折與痛苦。

要擁有思辨能力，你必須學習從人生的許多面向去觀察、監督、分析、評估與重建各種想法，你必須建立起重要的思維習慣。本書將說明如何提升自己的思維，書中的每一個概念，都有助於你掌控自己的想法、情緒、欲望和行為。我們並不期盼你發生奇蹟性的轉變，只想替你未來的智慧及情感，打下一個成長的基礎。我們只是浮光掠影地掃過這些複雜深刻的問題，提供你一個起步點；但一旦你開始認真看待，就會發現這對生活裡的每個層面都有好處。

只是，在那之前，你必須敲醒自己的腦袋。你必須開始了解自己思考上的問題，並設法捕捉到它；你還得找出多年來不知不覺中被動吸收，積存在腦袋裡的雜質。本書將告訴你該怎麼開始。

思考的素質，決定了你生活的品質

缺乏思辨能力會讓我們陷入麻煩，是因為我們常常：

- 對某件事一知半解
- 沒有想到背後的含義
- 執著於枝微末節
- 沒有注意到矛盾之處
- 發問時語意模糊
- 提出假設性或不相關的問題
- 混淆不同類型的問題

- 回答問題時模糊不清，或根本沒有能力回答
- 對不了解的事驟下結論
- 運用不正確或不相關的資訊來做結論
- 扭曲資料，且不當地呈現資料
- 忽視與自身觀點牴觸的資訊
- 做出不適當的假設
- 沒有發現自己的預設立場
- 沒有留意自己的推論結果
- 忽略了關鍵概念
- 誤用辭彙
- 忽視相關觀點，或看不見自身以外的觀點
- 沒有意識到自己的偏見或無知之處
- 想法狹隘，只用一個面向思考
- 想法不夠嚴密或不合邏輯
- 以自我或所屬群體為中心思考
- 無法理性思考
- 做出錯誤的決定

本書的主旨就在於提升你的思考，藉此提升你的生活。唯有透過思考，你才能改變生活中任何需要改變的事物，即使是你根本沒想到要改變的部分。唯有透過思考，你才能掌控自己的未來。

你的想法會構築你的感覺、形塑你的欲望，並指引你的行動。但問題在於，人的思考經常存在缺陷，我們常因錯誤推論而做出令人後悔的行為。事實上，思考的問題或許比其他任何一種因素，都可能在生活中導致更多問題，包括衝突與爭戰、痛苦與挫折，以及殘忍與折磨。

不過，大多數人對自己的想法都頗為自滿，不太會從生活的問題中找出自身思考的問題，而且很可能終其一生，都沒有認知到思考扮演的關鍵角色。若想提升你的生活，你就得開始認真看待思考這回事。你必須開始觀察自己的思考內容、加以檢驗，並見證它對行動的影響。你必須訓練自己的思考，並且每天練習；你必須開始分析自己的思考、評估自己的思考、改善自己的思考，然後還要進行批判性的思考。

本書將探討關於思考的基礎原則，讓你可以系統性地運用，讓生活變得更美好。換句話說，也就是教你在日常生活中實踐批判性思考。

每個人的思考都有缺失，只是多與少的區別

若要開始認真看待思考這回事，你必須先認知到，在一般狀況下，人的思維本質上都有著內在缺陷。也就是說，若非刻意干涉，人的思考天生就會產生問題。譬如我們會有偏見，會對別人有刻板印象，也常常顯得虛偽。有時我們會在心中合理化種種手段與做法，偏激者甚至會合理化偷竊、虐待與殺人的行為。

除此之外，我們常會在行為失常的時候，認為自己很合理。如果遭到質疑，就會在心裡對自己說：「這些人為什麼要為難我？我做的事情很合理，任何明理的人都看得出來啊！」簡而言之，我們會自然地認為自己的思考完全合乎情理，即便閃過一絲自己可能有錯的念頭，也會被自我辯護的想法加以掩蓋：「我並不想造成任何傷害啊！」

人的思維帶有自我辯護的天性，這一點非常重要，換言之，人類無須去學習如何自我辯護、自私自利或是自我欺騙，這些模式本來就存在於我們每個人身上。但問題是，大腦是如何進行自我欺騙的呢？也就是說，我們是怎麼在明明有證據證明自己有錯的時候，還認為自己是對的呢？一個有力的解釋就是，我們的心理有種本能，可以把不合理的想法表達成完全合理，或許這便是為什麼人類會對自身的不理性缺乏認知了。

舉個例子，試想某個女性主管在面試過所有求職者後，總是只雇用女性（或是男性主管只雇用男性）。這名主管認為自己既公正又客觀，若是被問到為何只雇用女性員工時，她很可能會提出一些看似合乎邏輯的理由，來支持自己的決策，例如求職者的工作經歷及技術能力等等。為了鞏固自己的用人決策，她會把自己看成是公正的，只是純粹想要招募到最適合那個職位的員工。或許她在某種程度上也已意識到自己只聘請女性，但卻會合理化這一點，覺得或許是女性本來就比較適合這些職位。確實，唯有自認行事客觀，她才能在心裡感覺自己正正當當。但關鍵在於，偏頗的想法，往往在自己看來都是冷靜公平又毫無偏見的，我們經常不會認為自己有錯。就算大錯特錯，我們也會覺得這是那個狀況下最合理的做法。

再試想某個常常濫用權力逮捕民眾的警官。這位警官可能認為自己只是讓嫌犯們罪有應得，讓他們在街頭絕跡，才不會傷害到無辜的人。如果他能意識到偏見及權力欲望在他的思考中所扮演的角色，看出自己不理智地將非必要的權力與武力，施用在那些無法自我防衛的人身上，那麼他就不會這麼做了。在他心中，他是既公正又專業的，無論自己是多麼殘忍無情，他都看不出來。這就是自我欺騙的力量。

我們所有人都擁有輕重不一的偏見，也都有刻板印象，也會欺騙自己。我們以為自己掌握著真相，卻都深受人性的自我中心所害，只是程度有所不同罷了。我們的思考不可能臻於完美，但是我們可以試著變得更好。

要訓練思辨能力，就得每天努力把思考中不自覺的部分，提升到有自覺的層次。你得找出自身思考上的問題，並面對這些問題。唯有如此，你才能大幅改善你的思考與生活。人性中也有著超越自我中心的能力，你可以運用你的思維來訓練思維，也可以運用你的思考來改變思考，你可以自我「再製」或自我「改造」。我們希望你在逐步學習與吸收本書概念的同時，可以刺激出這一面。

拒絕不理性的「失調」想法

越是凸顯出那些不好的思考習慣，你就越能夠去避免這些習慣。透過闡明這種思考模式，我們就可以明顯看出，你有多容易在不自覺的情況下陷入了。請試想以下情形，並試問可以在自己身上找到多少：

- 認為只要身邊都是喜歡你的人，就不會有人批評你了。
- 認為只要不去質疑你的人際關係，就不需要處理這些關係裡的問題了。
- 若是被朋友或交往對象批評時，就以難過沮喪的表情說：「我還以為你是我的朋友！」或「我以為你是愛我的！」

‧做出非理性的事情時，就會準備藉口來避免承擔責任；如果想不到藉口，就用帶著歉意的表情說：「沒辦法，我就是這樣的人！」

‧只看到生活中的負面事物，讓自己變得悲慘不幸，並怪罪到他人身上。

‧把自己的錯誤歸咎於他人，自己就不需要負責，也不用做些什麼了。

‧以言語攻擊那些批評你的人，就不用費神去聽他們所說的話了。

‧隨著所屬群體起舞，就不用為自己盤算任何事情了。

‧得不到想要的東西時就會失控；若是遭到質疑，就會憤怒地說：「我就是個情緒化的人，但至少我不會把感覺埋在心裡！」

‧只看到自己想要的東西，若遭到質疑，就說：「如果我不為自己著想，還有誰會替我想？」

這些不理性的思考模式，的確會導致生活出現各種問題，唯有正視這些功能失調的思想有多麼荒謬，並看出它們如何搗亂你的生活，你才有機會去加以改變。本書所敘述的策略，也是假定你有意願去改變這一切。

思辨自己、批判自己，然後提升自己

我們的目標，是要協助你開始批判自身的思考，去思辨一下你的思考模式，可能會對你自己或他人帶來什麼問題。隨著你逐步學習本書裡的概念，並明智地應用之後，你就可以開始改善自己的思維習慣。你會對自己的思考產生自覺，有了自覺以後，就可以評估自己的思考；可以評估思考以後，就能夠加以改善提升。你可以決定保留住哪些想法、捨棄哪些想法，哪個看法是明智的、哪個看法又是無知的，什麼會導致問題、什麼能夠讓你的生活更為富足、什麼會困住你或侷限你，而什麼又能夠讓你自由與解放。

改變的過程很痛苦，但最後會讓你更加幸福

儘管大多數人都同意，維持身體健康需要靠著日積月累，但許多人卻經常心中一有不快，就宣告放棄。同理，假使你不願堅定面對理智上的痛苦，自然就無法訓練出更好的思考。心理狀態就像身體狀態一樣，沒有壓力就不會有所提升。無論你喜歡與否，沒有一分理智上的耕耘，就沒有一分理智上的收穫，這是不可否認的事實。

所以，請預期你在往下讀的過程中，會出現一些心理壓力、不快與痛苦，並在這些感覺發生時，加以面對與處理。請了解，我們最需要學習的重要概念，往往也是心理上最難以理解與接受的部分（例如我們生來就是自我中心的）。要知道，人心在本質上就是抗拒改變的，尤其是會迫使我們看到自身缺陷的改變。所以，隨著你開始吸收本書的概念，而感到挫折、不安或灰心時，請繼續前進，為你正在成長而慶賀，長此以往，你將會得到提升生活的回報。

學習思辨能力的理智練習

我們很快地簡單介紹了批判性思考，為了讓這些觀念深植腦海，成為你的思辨能力，我們將採取以圖像為主的呈現方式。本書的每一堂思辨課，都與這個概念息息相關，有的著重於分析你的思維，有些在於評估你的思維，有些則在於建立「理智德行」（intellectual virtues）等等。

學習思辨能力沒有完美的方法，也沒有絕對的法則。相反地，其中有著許多強而有力的觀念，只要深入吸收其中任何一個，就可以全然改變你的生活方式。譬如「理智移情」（intellectual empathy）就是一個例子，也就是要求某個已有成熟性格的人，設身處地從他人的立場去思考，思索他人的想法，感受他人的情緒，以便體會、理解他們的觀點。如果世上所有人都能夠認真看待這一點，想必可以大量減少痛苦與磨難。比方說，理智移情讓人們可以自然而然地想像，那些被他們控制支配、壓迫操弄，甚至虐待的對象，會有什麼樣的感受。

當然我們也得謹記，培養思辨能力的所有概念彼此都是相互連結的，但凡對任何一個概念建立起深刻的認識、並帶來改變，就能對其他觀念收到相同的效果。比方說，要培養理智移情的能力，就得同時培養「理智謙遜」（intellectual humility），亦即分清楚自己明白及不明白的事情。如果我們無心從他人的立場去區分自己的知與不知（理智謙遜），自然也就無法有效地設身處地為他人著想（理智移情）。

簡單來說，我們畢竟還是得以整體互通的方式，來了解這些思辨概念與原則，因此我們的一大宗旨也就是——協助你看出本書所有觀念之間的重要連結。

活出經過反省的人生

每個人都會思考，這是我們的天性，只是我們自由發展出來的想法，多半難免偏頗狹隘或充滿偏見。但我們的生活品質、任何我們創造出來的成果，卻往往都取決於思考的品質。拙劣的思考代價十分高昂，不僅是金錢上的代價，更包括了生活幸福與否的代價。然而，優秀的思考一定得經過系統性的培養。

懂得批判與思辨的人，平時就懂得如何明辨事理、推己及人，他們可以敏銳察覺到人性思維的固有缺陷，努力去除自我中心與小團體中心的傾向。他們明白，無論自己的思考有多純熟，都仍不免偶然落入推論錯誤、喪失理性、囿於偏見、對社會的規範與禁忌照單全收。他們會避免把複雜的議題簡單化，並努力去貼心地考量相關人士的權利與需求。他們身體力行蘇格拉底的原則：「沒有經過反省的人生，是不值得活的。」他們除了關心自身思考的發展，也關切如何形成一個公正的批判性社會。

培養出良好思辨能力的人會：

- 提出關鍵的問題，並做出清晰精確的論述。
- 懂得蒐集與評估相關資訊，並有效地解讀。
- 提出合理的結論及解決方案，並用相關標準加以檢驗。
- 用不同思維體系進行開放性思考。
- 與他人有效地溝通，共同為複雜的問題找出解決方案。

簡而言之，批判性思考就是一種自我指引、自我訓練、自我監督與自我修正的思考，它的要素包括有效溝通、問題解決能力，並且願意克服自我中心與小團體中心的天性。

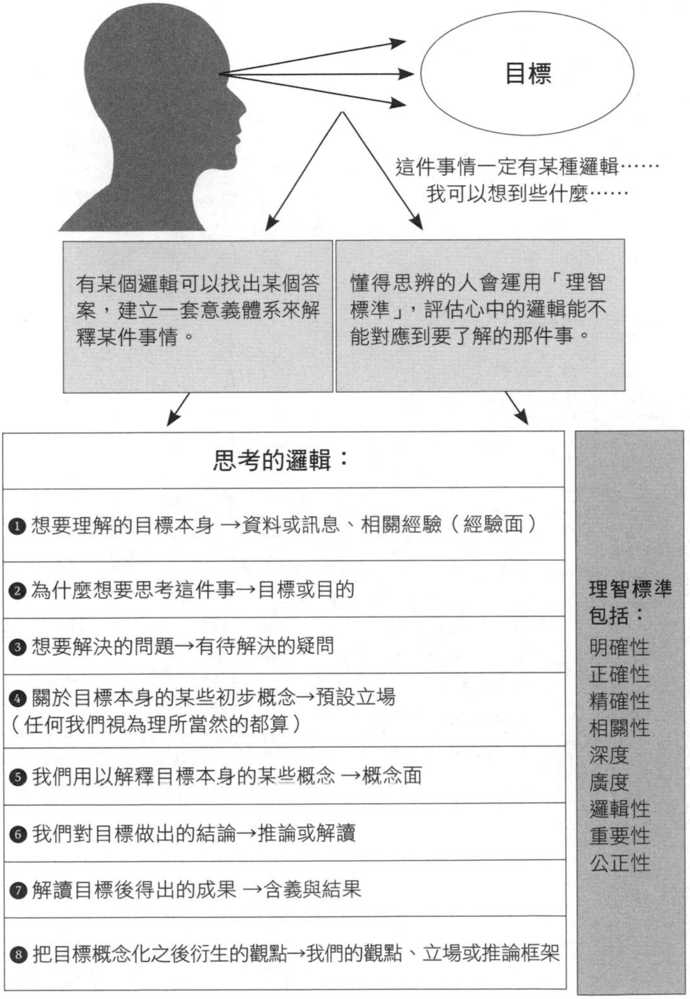
目標
這件事情一定有某種邏輯……
我可以想到些什麼……
有某個邏輯可以找出某個答案，建立一套意義體系來解釋某件事情。
懂得思辨的人會運用「理智標準」，評估心中的邏輯能不能對應到要了解的那件事。
思考的邏輯：
❶ 想要理解的目標本身 →資料或訊息、相關經驗（經驗面）
❷ 為什麼想要思考這件事→目標或目的
❸ 想要解決的問題→有待解決的疑問
❹ 關於目標本身的某些初步概念→預設立場
（任何我們視為理所當然的都算）
❺ 我們用以解釋目標本身的某些概念 →概念面
❻ 我們對目標做出的結論→推論或解讀
❼ 解讀目標後得出的成果 →含義與結果
❽ 把目標概念化之後衍生的觀點→我們的觀點、立場或推論框架
理智標準包括：
明確性
正確性
精確性
相關性
深度
廣度
邏輯性
重要性
公正性

開始思考的八個步驟

若想要擁有良好的思考能力，我們至少必須了解思考的入門原理，也就是產生一切思考最基本的結構。我們必須學著分析思考。

我們可以在所有思考中看到八個基本結構：無論我們在什麼時候進行思考，都會以某些預設前提為基礎，採取某種觀點，追求某個目標，並導向某種結果。我們會用概念、觀點及理論，來解讀資料、事實與經驗，以便回答疑問、解決問題與處理爭議。也就是：

一、產生目標
二、提出疑問
三、使用資訊
四、運用概念
五、做出推論
六、做出預設
七、產生含義
八、體現觀點

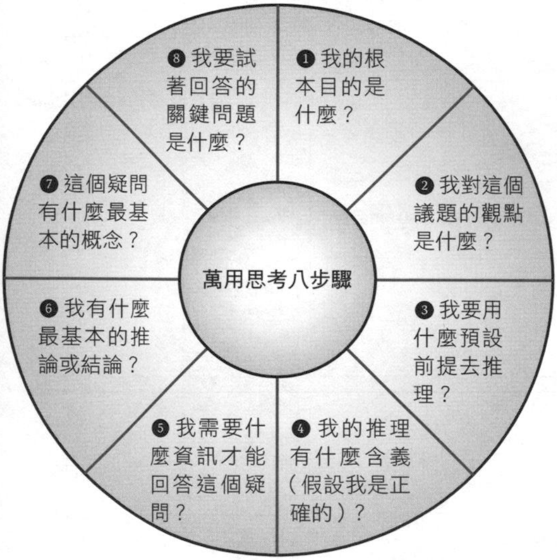

萬用思考八步驟
❶我的根本目的是什麼？
❷我對這個議題的觀點是什麼？
❸我要用什麼預設前提去推理？
❹我的推理有什麼含義（假設我是正確的）？
❺我需要什麼資訊才能回答這個疑問？
❻我有什麼最基本的推論或結論？
❼這個疑問有什麼最基本的概念？
❽我要試著回答的關鍵問題是什麼？

運用理智標準，評估你的思考

理性的人會用理智標準來判斷推理結果，你可以吸收這些標準，並運用在思辨的過程中。請記住，雖然我們在這裡強調出一系列標準，但除此之外還有可信度、充分度、可靠度及實用度等其他標準。這些標準及其運用方法如下：

一、明確性：你可以進一步解釋嗎？可以舉出一個例子嗎？可以說明你的意思嗎？

二、正確性：我們要怎麼確認這件事？怎麼查明真實性？怎麼驗證或測試？

三、精確性：你可以說得更具體一點嗎？可以提出更多細節嗎？可以更準確到位嗎？

四、相關性：這和我們的問題有什麼關係？對我們的疑問有什麼影響？要怎麼幫助我們處理這個議題？

五、深度：是什麼原因讓這個問題變得棘手？這個疑問有什麼複雜的地方？我們需要處理哪些困難點？

六、廣度：我們需不需要從另一個角度來看這件事情？需不需要考量其他觀點？需不需要用其他方式來看這件事情？

七、邏輯性：這一切可以合理互通嗎？前後可以吻合嗎？你所說的話有什麼證據嗎？

八、重要性：這是最需要考量的問題嗎？這是最該著重的核心觀念嗎？哪件事是最重要的呢？

九、公正性：我在這件事情中有沒有什麼既得利益？我有將心比心呈現出其他人的觀點嗎？

培養理智特質，對於思辨力絕對不可或缺

理智正直：誠實果敢地面對自己

能夠認知到必須真實面對個人的想法；保持一貫的理智標準；對自己和意見相左的人，抱持同樣嚴格的證據標準；身體力行那些你向他人鼓吹的事情；並老實承認自己的想法和行為也會前後不一。

理智謙遜：就算我懂得再多，還是有無知之處

能夠意識到個人知識的侷限，包括對四周環境保持敏感，因為我們很容易因

為天生的自我中心而進行自我欺騙；對偏見、偏差及個人觀點的侷限，也要保持警覺。理智謙遜是要你認知到，一個人不該言過其實，並去除狂妄、自誇或自大，再加上能對個人信念是否欠缺邏輯基礎，保有深刻的認識。

信任理性：我們都有機會更懂得思辨

相信如果讓理性自由發揮，鼓勵人們做出自己的理智判斷，那麼長期而言，所有人的利益都會得到最大的滿足。同時也要相信，即便我們明知自己有著根深蒂固的人性缺陷，但若有適當的鼓勵與培養，還是可以學著自主思考，形塑理性觀點，取得理性判斷，思考前後一貫且合乎邏輯，以理服人並成為理性的人。

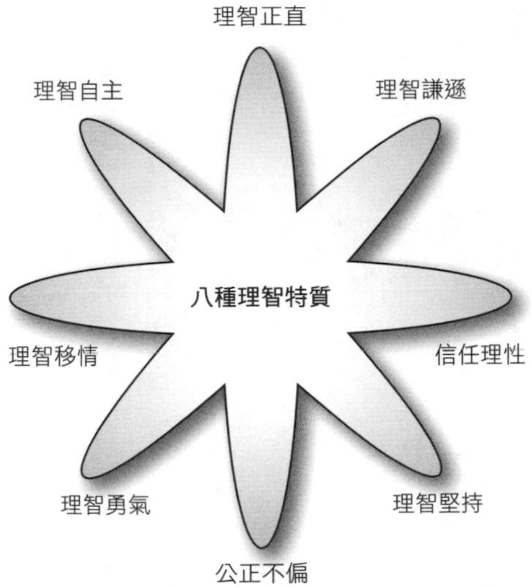

理智堅持：思考需要長時間的深入

能夠意識到縱然遭遇困難險阻及挫折，也必須運用理智的洞見與真理；縱然他人無理反對，也要堅守理智原則；知道自己必須帶著未解的疑問，長時間地努力，才能獲得深入的體會或洞見。

公正不偏：對我有利的，不見得是對的

對所有觀點一視同仁，不顧個人感受或既得利益，或是周遭親友的感受或既得利益；也就是說要堅守理智標準，忽視個人好處或所屬團體的好處。

理智勇氣：勇於和周遭的人想得不一樣

這種勇氣是能夠認知到，有時候那些看似危險或荒謬的觀念，其實某種程度上是合情合理的；而那些我們被反覆灌輸的論點或信仰，有時候卻是一種錯誤或誤導。若想判斷出是哪種情況，我們就千萬不能被動且不加批判地接受我們所「學習」到的事物。理智勇氣在此時即可派上用場，因為我們總不免會在某些看來危險荒謬的觀念中看到一些真理，也會在某些周遭的人強烈支持的觀念中，看到謬誤之處。這種時候，我們就需要勇敢面對自己的想法，畢竟和身邊的人唱反調，可能會帶來嚴厲的懲罰。

理智移情：設身處地猜想別人的觀點

必須設身處地為他人著想，才能真正地了解他們。同時也要察覺到我們會有本位主義的傾向，認為自己的長期信念驅使我們做出的當下反應，就是對的。這項特質關係到你有沒有能力去重新建構他人的觀點，從自身以外的其他假設前提或觀念，去進行思考推理。這項特質也關係到你有沒有意願把自己過去的錯誤銘記在心，確認這次是否也可能受到蒙蔽。

理智自主：只有你能掌握自己的思考

能夠理性控制個人的信念、推論及價值觀。批判性思考的理念，就是要學著自行思考，掌握自己的思考過程，這需要你願意站在理性與實證的基礎上，去分析評估種種信念，在合理的狀況下提出質疑，在合理的狀況下予以相信，並在合理的狀況下加以順從。

思考是感受及欲望的關鍵

思考是心理思維用來搞懂一件事情的部分。思考能解釋人生百事，創造出種種概念，定義我們的環境、關係與問題。思考會不斷告訴我們：目前的情形是這樣，眼前的事情是那樣，你該注意這個或注意那個。

思考會產生「感受」——評估生活中的事情是正面還是負面。感受會不斷告訴我們：「我應該對生活裡發生的事情有這種感覺」、「我過得很好」，或者是「我過得不太順利」。

我們的「欲望」則會把精力化為行動，以符合我們所渴望且可能達到的目標。欲望會不斷告訴我們：「這是值得的，去做吧！」或相反的：「這不值得，別浪費力氣了！」

雖然思考、感受和欲望在心理思維中扮演著同等重要的角色，不斷對彼此發揮影響力，也受到彼此影響；但思考還是指揮著感受及欲望的關鍵所在。想要改變你的感受，就要先改變讓你產生那種感受的想法。想要改變你的欲望，就要先改變凸顯出那個欲望的想法。

舉例來說，如果我因為孩子對我沒禮貌而覺得很生氣的話，我很難輕易就從生氣的情緒中恢復過來。要把生氣轉變成某種比較正面的情緒，就得改變自己對這個情形的思考。或許我得想一想怎麼教導孩子對我有禮貌一點，然後照著這套新的想法來做。或許我得想想孩子的生活裡有沒有什麼影響，使得他行為魯莽，然後再試著去除那些影響。

換句話說，我可以透過思考，來掌控自己的情緒狀態。同樣地，如果不先改變產生欲望的想法，我們也無法改變自己的欲望。

譬如，假設珍與約翰這兩個人是男女朋友，但是約翰已經提出分手，珍卻還想繼續在一起。假使她這種渴望是來自於某個想法，例如她需要一段平穩的感情關係，沒有約翰她會不知如何是好，那麼這個想法顯然就是問題所在。因此，珍必須改變她的想法，才不會再渴望繼續和約翰維持關係。

也就是說，直到她轉念認為不需要約翰也可以很好、沒有他也可以順利生活、不需要跟一個不想和她在一起的人維持關係之前，她都會想繼續跟他在一起。

心理思維三大功能

思考	感受	欲望
解釋這個世界： 判斷、感知 分析、釐清 決定、比較 綜合	告訴我們自己過得如何： 快樂、悲傷 壓抑、煩躁 緊張、鎮定 擔憂、興奮	驅使我們去行動： 目標、渴望 目的、議題 價值、動機

簡而言之，除非她改變思考模式，否則她的欲望就不會改變。她必須打敗這個會擊敗自己的想法。

打破自我中心，學習理性思辨

所有人天生都是自我中心和團體中心的，但同時卻也有尚未開發的理性。一般人出生時，主要以自我中心為主；隨著時間過去，這種自我中心思維，會與社群中心思維相互合併。

所有人都習慣性地帶有這兩種非理性思維，差別只在於程度的問題，且在不同情境或背景下也會有很大的變化。雖然自我中心和團體中心傾向是一種自然現象，但理性能力卻多半得靠人為建立。我們必須透過發展理性能力，來對抗這些非理性傾向，創造一個批判性的社會。

難以覺察的自我中心思考

很不幸地，人類並不是天生就會為他人的權利與需求著想。我們不會自然而然地體會其他人的觀點，或是了解自身觀點的侷限。唯有經過訓練，我們才能明確意識到自己的自我中心。我們不會認知到自己有什麼自我中心的預設立場、如何自我中心地去使用資訊和解讀資料，這些自我中心的思想又從何而來。我們無

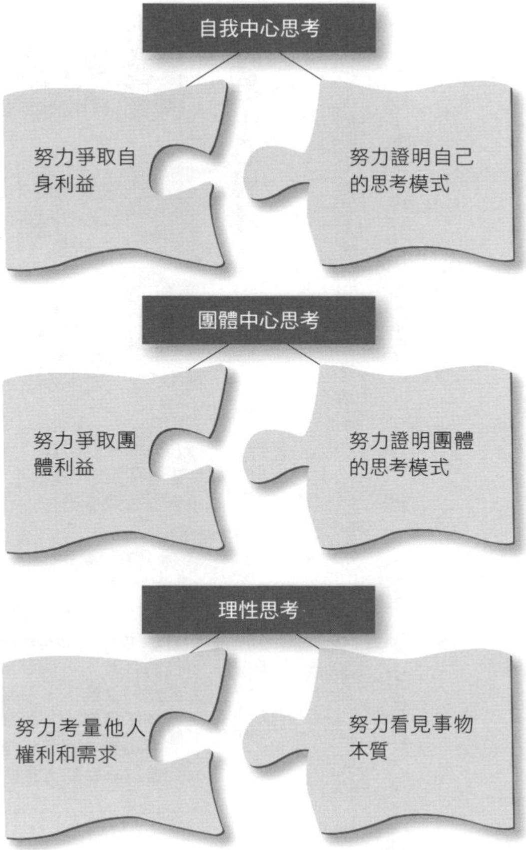

法自然認知到自身的利己（self-serving）觀點。我們總是自然而然地相信自己的直覺，無論那錯得有多離譜。我們通常不是使用理性思考標準，而是用自我中心的心理標準來判斷該相信什麼、該拒絕什麼。

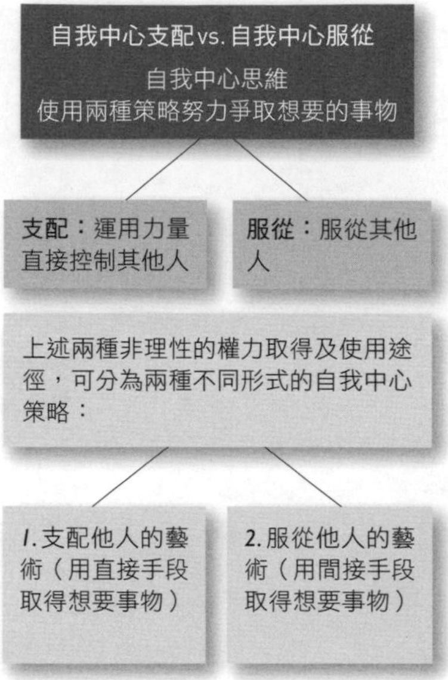

自我中心支配vs.自我中心服從
自我中心思維
使用兩種策略努力爭取想要的事物
支配：運用力量直接控制其他人
服從：服從其他人
上述兩種非理性的權力取得及使用途徑，可分為兩種不同形式的自我中心策略：
1.支配他人的藝術（用直接手段取得想要事物）
2.服從他人的藝術（用間接手段取得想要事物）

一旦我們做出自我中心思考，就是在尋求用直接或間接的方式，運用權力控制其他人，或是服從那些能夠滿足我們利益的人。說穿了，自我中心的行為不是霸凌，就是卑躬屈膝；不是威嚇弱者，就是臣服於更強勢的人，或是以巧妙的方式遊走在兩者之間。

危險的社群中心思考

大多數人都不知道，自己有多麼不分青紅皂白地將主流偏見照單全收。社會學家和人類學家把這類情況稱為「文化束縛」（culture bound），這種現象的發生原因，就是以自己所處的小團體（社群）為中心，包括：

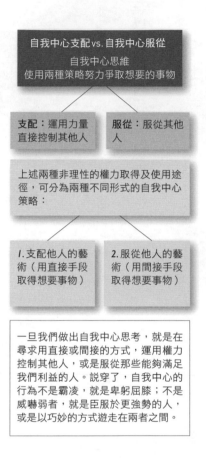

- 不加批判地認為自己的文化、國家和宗教優於其他人。
- 不加批判地選擇對己方有利的正面說法，並以負面說法形容那些想法不同的人。
- 不加批判地吸收團體規範和信念，接受群體認同，行為舉止也按照外界期待，而沒有一絲一毫的理性質疑。
- 盲目順從團體的規定（即便有很多專制高壓的規定亦然）。
- 思考無法超脫所屬文化的傳統偏見。
- 無法學習吸收其他文化的見解，以提升個人思考的廣度與深度。
- 無法分辨相對性的文化規範禁忌，和普世倫理道德的不同。
- 無法了解各個文化的大眾媒介，都是根據自身文化觀點來塑造新聞。
- 無法從歷史和人類學的角度來思考，因此受限於當下的思考模式。
- 無法認知到這種社群中心的思考，對於發展理性是一大阻礙。

社群中心思考正是無法形成批判性社會的特色。唯有以跨文化、公正性的思考來取而代之，才能消除這種問題。

三十堂培養深度與幸福的思辨課

這本書將介紹三十個思辨的基礎觀念，包括了我們認為一般人必須掌握的重要觀念，可以讓他們掌控自己的思考與生活。在吸收這三十堂課的過程中，你會

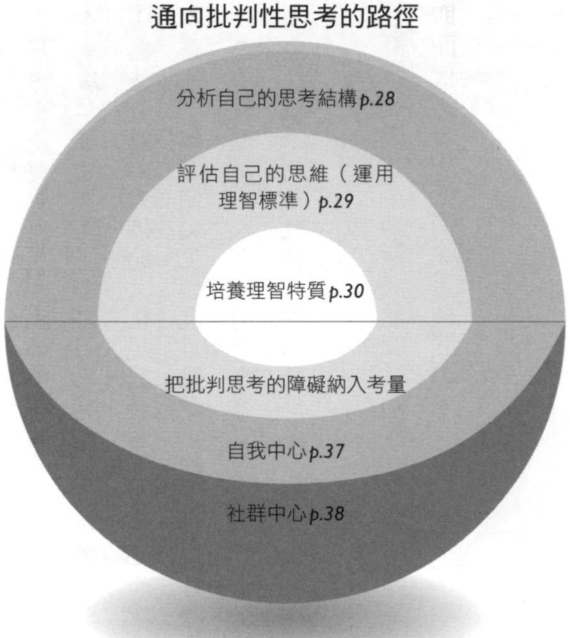

發現自己無法很快就把其中任何一個概念吸收完畢，但你還是可以著手在思考時帶入這些強而有力的觀念，並開始練習使用它們，來進行心靈的改革。

首先在第一堂課，你只要把焦點放在一個觀念上頭。第二堂課，你就可以根據前一個觀念來聚焦到第二個觀念。到了第三堂課，你再根據第一和第二個觀念，來聚焦在第三個觀念。隨著這樣持續進行，你可以試著把先前學習到的觀念，和新的觀念相互整合，讓這些有力的觀念彼此互動，就是成功的關鍵。

當你吸收了本書的前三個觀念後，就會了解到，人類思考之所以會有無窮無盡的問題，就是因為人們通常不注重、也不會區分自己知道和不知道（卻以為自己知道）的事情，也沒有找出（自己和其他人身上的）偽善之處。除此之外你還要承認，我們得先降低理智傲慢，不再那麼篤定自己認為對的就一定是對的，並更加注意我們有多常嚴以待人、寬以律己，那麼我們才會更傾向於設身處地為他人著想。

你應該定期檢視所有學過的觀念，判斷是否需要把某個或更多先前學到的觀念，在腦中更新一下。當你越常把各個重要觀念交叉比對，就越能把這些觀念深植到你的思考裡，也越能把它們應用在你的生活中。

思辨如何為你的生活帶來收穫

在你練習本書所介紹的三十個思辨技巧，並時時加以應用後，應該就會開始在生活中感覺到有所收穫。你會發現：

- 你更擅長理解他人，也更擅長溝通你的想法了。
- 你更擅長專注議題，也更擅長解決問題了。
- 你更偏向追求、也更擅長達成理性的目標了。
- 你更擅長提出有用的問題了。
- 你不再那麼自我中心了。
- 你更能控制自己的情緒、欲望和行為了。
- 你更容易了解別人的觀點了。
- 你更明理了。
- 你的控制欲不再那麼強烈了。
- 你不再擔心自己無能為力的事情了。
- 你會三思而後行。
- 你更願意在有錯時承認錯誤，也會試著修正自己的錯誤觀念。

- 你會開始質疑各種社會習俗和禁忌。
- 你會開始質疑自己在新聞媒體上讀到、聽到和看到的事情。
- 你不再那麼容易被那些能言善道、自私自利的政治人物所哄騙。
- 你會更注意自己的遣詞用字，以及它們如何影響你對於現實的認知。
- 你會更關心所有人的權利與需求，而不只是自己或身邊人的既得利益。
- 你會貢獻力量，促成一個更公平的世界。
- 你會提升涵養、廣泛閱讀，以拓寬自己的歷史觀和世界觀。

讓思辨能力成為你人生的引導力量

在你往下閱讀本書的同時，請了解一點，那就是每一天的觀念都是個複雜的概念，只是我們用了簡化的方式來呈現。請記住，我們的目標是要讓你展開批判性思考的旅程，因此常會省略一些我們原本想納入的內容。

除此之外，為了濃縮呈現本書觀念，並從日常生活中尋找例子，我們可能也會不經意地過度簡化了部分觀念。甚至，你可能還不見得會認同我們舉的例子。即使如此，請試著不要偏離你的整體目標——思辨能力的發展。善用你可以用的部分，其他的先擺在一邊。假使本書的三十個思辨技巧中，有某個在你看來是說不通的，那就放心地跳過它，或許之後再回過頭來看。給你自己一點時間成長，只要運用那些你可以付諸行動的觀念即可。我們希望，這些觀念可以刺激你去尋覓更多觀念，進而促使你把批判性思考，當成人生的引導力量。

在你開始隨著本書觀念動起來之前，請先想一想：如果人們普遍都會帶有偏見，那麼就從你也有偏見的這個前提開始吧。如果人們經常自我欺騙，那就假設你也會這麼做吧。要是你堅持自己是個例外，那就無法讓自己的思考能力大幅進步了。事實上，覺得自己很特別，是一點也不特別的事。這很常見，每個人都這麼認為，特別的是你能認知到自己並不特別——你，就像其他人一樣，偶爾也可能會自我中心。

第1課　發現自己的無知

「不知而願受教，是知識與智慧成長的必然保證。」

——布萊爾（Hugh Blair），蘇格蘭佈道家

我們多數人都認為，自己相信的事情就是正確的，即便我們所相信的事物，多半都是在我們懂得批判性分析之前就學習到了，但我們卻不會去質疑它們的真實性。懂得思考的人，就會知道這是很荒謬的事情。

當你積極地集中心力，去挖掘自己的無知後，就會了解自己有多常犯錯。你會找機會去驗證自身的觀念是否妥當，並發現很多人的信念都是來自於成見、偏見，半真半假，有時還可能是迷信。你會習慣性地質疑自己的信念，不讓它們控制你，而是由你掌控它們。你會建立「理智謙遜」（intellectual humility）的態度——明白自己的無知。

理智謙遜這種態度，就是願意在任何時候、任何情境下，去分辨自己知道和不知道的事情。擁有這種態度的人，會習慣性地從另類觀點去思考，確定自己可

以正確地陳述出那些觀點。他們會真心誠意地去理解其他觀點，而非當作它們不存在。

古希臘哲人蘇格拉底，就是理智謙遜的真實典範：

「蘇格拉底探討哲學的方式，就是和另一個自認通曉正義、勇氣或諸如此類事物的人，進行談話。在蘇格拉底的提問下，他們會明白（彼此）沒有人知道答案，然後一同投入新的努力。接著蘇格拉底會提出質疑，友人則接受或駁斥。他們雖然沒有解決問題，但此時卻有個共識，那就是彼此的知識都有不足，並同意要盡可能隨時繼續探索。」[1]

「他深深意識到自身思想、言語和行為的落差，並敏銳察覺到其他人身上也可以看到相同情形。他小心地讓自己總是站在無知的角度，並邀請其他人與他一同站在此處，目的是驗證萬事萬物，讓自己和他人能夠堅守有益之事。」[2]

高度理智謙遜的人明白，他們永遠也不會知道的事情，遠多過於他們能夠知道的事情。他們不斷試著學習，擴大知識基礎，並永遠對自身的知識侷限擁有良性的自覺。

質疑你看到聽到的一切

常見的理智傲慢現象，就是自以為是地主張自己實際上不甚明白的事情。試著找出你的資訊來源有什麼侷限和偏頗，質疑那些權威的聲音，質疑他們在論述中援用的資訊、忽略的資訊和扭曲的資訊。質疑你在媒體上看到、讀到的東西，並質疑新聞的來源。無論何時，當你想要做出某個大膽的論述時，先停下來自問：你對於自己的主張有多少了解？

如何面對自己可能不了解的事

一、若你無法找到足夠證據，證明你的觀念是對的，可以在一開口時先說：「我有可能是錯的，但是我覺得……」，或「直到目前為止，我認為……」，或者是「根據我在這方面的有限認知，我會說……」。

1 《哲學百科全書》（*Encyclopedia of Philosophy, 1972*），第四八三頁。

2 《大英百科全書》第十一版（*Encyclopedia Britannica, 1911*），第三三一頁。

二、注意自己是否在缺乏合理證據時，仍堅持主張某個看法，然後認清自己為什麼要那麼做。

三、主動質疑那些看似正確無誤的看法，尤其是宗教、文化或政治觀點等根深蒂固的信仰。

四、尋找有沒有其他的資訊來源，能夠呈現出你從未想過的觀點。

五、不要怯於探索新的看法，要以開放態度面對新的觀點。

六、找一個你自認非常熟悉的人，並列出你對他絕對了解的每件事情，接著列出你不能百分百確定的事情，然後再列出你對他不了解的事情。接下來，如果你可以信賴這個人的話，就把這張清單拿給對方，看看正確程度有多少。得到對方對於這份清單的反應後，你有什麼心得呢？

找出個人思考弱點的自我提問

- 關於我自己，關於各種情境，關於其他人，關於這個社會甚至這個世界發生的事，有什麼是我真正了解的？
- 偏見對於我的思考有多大的影響？
- 我曾經被灌輸過多少可能錯誤的觀念及看法？

- 那些我照單全收的觀念，如何阻礙我看到事情的原貌？
- 我有沒有跳脫過（自身文化、國家或宗教等等的）思考框架？
- 我對於其他的觀念體系有多了解？
- 我的成長環境、父母的觀念、另一半的觀念，以及我的宗教、文化和政治等因素，如何形塑著我的觀念和看法？

第 2 課　當心自身的雙重標準

「人皆偽善。」

——豪威爾斯（William Dean Howells），美國現實主義文學家

人的偽善至少可以分成三種方式：第一，很多人會用比對自己和朋友更高的標準，來對待他們不贊同的人。第二，很多人在生活裡經常是說一套、做一套。第三，很多人經常無法看出自己所認同的對象（例如地位尊貴的人），有什麼行為矛盾之處。

所以，這種偽善的心理狀態與誠實與否無關，通常是不自覺地顯露出矛盾不一，因為人天生就是自我中心的，天生就是偽善的。然而，我們的心理思維也會有技巧地把這些想法和行為合理化。也就是說，人會自然地想要正面看待自己，因此維持正直的表象是很重要的一點。這也就是為什麼，許多人總會千方百計、自欺欺人地隱藏自身的偽善。雖然我們通常都是自私的，但我們卻幾乎察覺不到，反倒可以輕易看出別人身上的自私。儘管我們總是嚴以待人、寬以律己，卻又常自認公正不阿。

比方說，竊取公款的女會計，可能會自我欺騙地認為，那是公司「欠」她的錢，理由是公司從未付給她等值的待遇，或者她推測公司業務獲利豐厚，所以理應多付一些錢給她等等。這些都是她用來逃避真相的合理化藉口。

我們雖常將某些信條掛在嘴上，卻也很常無法做到。唯有在言行合一的時候、心口合一的時候，我們才能真正擁有理智的正直[3]。

當你努力活得正直時，就會固定檢視自己身上的矛盾之處，不找藉口，誠實地加以面對。你會想要了解自己的真實樣貌，也想要了解別人的真實樣貌。正視自身的雙重標準或矛盾，你就可以開始超越這種狀況；而在你能夠看穿別人的偽善後（尤其是那些擁有良好身分地位的人），也就不會那麼容易被人操控了。

當然你也要知道，我們永遠無法完全控制自己的自我中心，所以也永遠無法完全地控制這種狀況，但至少，你可以把自己變得更正直一點！

3 請參考第三十頁有關理智正直（intellectual integrity）的解釋，偽善的相反就是理智正直。

抓出自我的矛盾之處

請留意自身行為和他人行為中的偽善或矛盾，抓住你自己使用雙重標準的時候，並注意別人是否也會這麼做。因為偽善是人類的天性，理論上很容易就看得出來。

此外，也要仔細檢視人們口中所說的觀念，並與他們的行為比對看看；同時挖掘自身思考和行為的矛盾不一，注意自己是否曾經宣稱相信某件事情，但實際行為卻和這個信念相互牴觸？注意你是怎麼正當化或合理化自身行為的矛盾，然後想想你的偽善會帶來什麼後果。那可以讓你得償所願，又不用面對自己的真實面目嗎？也想一想別人的偽善會帶來什麼後果？如果你看不出自己身上的偽善之處的話，請一而再、再而三地重新檢視吧。

減少自身偽善的策略

- 你有沒有對他人的期待高過自身標準的情況？鎖定你最容易展現偽善的地方（通常就是會涉入個人情感的地方）。你是否對另一半的期待高過對自己的標準呢？對同事呢？對下屬呢？對你的親人呢？

・在一張清單上寫下對你而言最重要的信念，接著找出你在哪些情況下，會做出與那些信念矛盾的行為。比方說，你可能會宣稱自己很愛某個人，但是你的行為卻常常無法切合他或她的利益。或者，你可能會說理性是很重要的事情，但實際上卻很常失去理性。

・想一想你現在的生活方式。你是否過著正直的生活，心理動機都光明正大呢？或者你是否掩藏著什麼事情？若是這樣，那件事情是什麼？更重要的是，你為什麼要這麼做呢？你要怎麼去正視自己的矛盾？你需要對自己或你的處境做什麼改變嗎？

察覺他人偽善的行動

・觀察周遭的人。開始去分析人們言行不一的程度，比較他們的言語和行為。譬如，你可以注意人們有多常在嘴上宣稱自己喜愛某個人，卻又在背後批評他。這是一種司空見慣的虛偽。

・想一想你最親近的人——你的伴侶、親人或朋友。你可以多清楚地看出這些關係中的偽善或正直呢？他們有多心口合一？他們的偽善會造成什麼問題嗎？

第3課　站在他人的立場

「漠視他人者，對自己也必一無所知。」

——無名氏

理智移情（intellectual empathy）[4]要求我們從別人的角度或觀點來進行思考，尤其是那些我們不贊同的人。這是一件很困難的事，除非我們能夠認知到，過去自己有多麼時常犯錯，而那些我們不贊同的人卻常常是對的。

有時候，與我們想法相左的人，其實知道一些我們還不知道的事實，因此練習站在別人的觀點思考，正是發展思考的關鍵步驟。好的思考者會從對立角度來評估事情，他們知道，有很多真理一定得靠著「試試看」其他的思考方式，才能知道。他們重視取得新看法和拓展自身觀點，樂意用新的方式來觀看這個世界。他們不會理所當然地認為自己的觀點就是最合理的，而是願意加入對話，了解他人觀點。對於自己不懂或不曾想過的想法和信念，他們不會心存畏懼。如果自己全心相信的信念，被證明是虛假或令人誤解的，他們也會願意放棄那個信念。

真正了解對方所說，才有立場去贊同或反對

請留意眼前有沒有推己及人的機會，藉此練習做個有同理心的人。比方說，無論何時，只要有人採取你不贊同的立場時，就試著用你自己的話，來描述你認為那個人在說些什麼。然後再詢問對方，你是否有正確陳述出他或她的立場。

此外，也注意其他人對你有多少同理心，看看他們所說的話（例如「我了解」），和他們的所作所為（他們並沒有真正把你的話聽進去），是不是有什麼不同。請一個與你立場相左的人，試著陳述他或她認為你在說什麼。

更要小心的是，很多人會扭曲他人的言語，以避免改變自身看法，或放棄符合自身利益的事物，而你可能也會這麼做。透過理智移情的實踐，你會更完整地了解其他人，更全面地明白自己的無知，並更深入地認識自己的心理。

4 請參考第三十三頁有關理智移情（intellectual empathy）的解釋。

推己及人的溝通方式

・與某人意見相左時，請轉換角色立場，告訴對方：「如果你也願意這麼做的話，我會花費十分鐘的時間，從你的觀點來發聲。或許這有助於我們更互相了解。」接著，你們都要相互糾正對彼此立場所做的陳述，說：「你對於我的立場所不了解的部分是……。」

・談話時，用這種方式來概述另一個人的說法：「就我的認知而言，你是在說……，這樣對嗎？」

・閱讀時，試著對自己說明你認為作者在說些什麼，並對其他人解釋看看，重複確認文章內容的正確性，由此評估自己是否了解作者的看法。唯有在你確定自己了解某個觀點時，你才有立場去不同意（或同意）那個觀點。

第4課 專注於你的目標

「堅決明確的目的，是通往成功的唯一途徑，沒有其他事物可以取代。目的，是各種人格、文化、地位與成就的前提基礎。」

——孟格（T. T. Munger），美國宗教家

思考永遠會受到人的目的所支配，你所做的每一件事情，都會與你的某些目的有關。目的就是你所試著要達成的任何事情，是你在任何情境或背景下，所追求的目標或對象。

如果你的目標不夠明確、不切實際、自相矛盾，或者是和你表面上的說法有出入，那麼你的思考就會出錯。有些目標是短期的、暫時性的，有些則是長期的、永久性的；有些目標是主要的，有些則是次要的；有些目標代表著你的人生核心宗旨，有些則是通往其他目的的手段和方法。

一般而言，公開（說出口的）目標和私底下的（沒說出口的）目標常會存在落差。例如，政治人物口中的目標通常是要服務公眾需求，然而他們的真正目標卻往往只是為了當選、一遂野心，或是滿足貪欲。

所以，檢視指引你生活的目標，是一件很重要的事情。哪些目標是你可以明確察覺到的？又有哪些目標潛藏在思考的表層之下？哪些目標是你不願坦白承認的？有多少個目標會引導你做出膚淺的行為？有多少個目標會引導你走向重要目的？哪些目標是你難以達成的？為什麼？

有能力去評估其他人的目標，也是很重要的一件事。人們的真實目標常常會和他們嘴上所說的不同，記住這一點有助於你看穿表象，不致受到他人操弄。

了解目標，才能真正了解一個人

想清楚眼前的目的、目標、對象、議題，想清楚你要追求的是什麼，又要怎麼去追求。判斷你的各個目標是否相互交織重疊，或是彼此衝突不一，並判斷你的真實目標是否和宣稱目標有所不同，接著捫心自問：你能不能（對身邊的某些人）坦白那個真實目標？

其次，更要想一想你的家人、同事和朋友有什麼目標。他們真正的、最根本的目標是什麼？他們有多願意坦白自己的真實目標？

檢視自己的個人目標、專業目標、政治目標、經濟目標和社交目標，然後列出你的重大目標，判斷你能否在裡頭找到前後矛盾之處。

鎖定自身目標的提問

- 在這個狀況下，我有什麼具體目標？
- 我想試著達成什麼事情？
- 這個目標是否實際？
- 這個目標合乎道德嗎？
- 目前我最重要的任務是什麼？
- 若要達成目標，首先我該做什麼事情？
- 我的另一半、親人或朋友有什麼要做的事情嗎？
- 我所要做的事情，和我的另一半、員工或主管，有什麼不同？
- 我所宣稱要做的事情，和實際情形有什麼出入嗎？
- 在這個狀況下，我會願意承認自己的實際目標嗎？如果不願意，那是為什麼呢？

鎖定目標的策略

- 記下會議中所提出的目標，判斷人們會不會加以遵守。注意眾人在什麼時候會偏離目標，並準備好丟出這類問題：「再說一次我們的主要目標是什麼？」、「這次談話要怎麼樣幫助我們達成目標？」

• 接著，注意提出的目標是否有違實際目標。這種時候，你可以這樣插話：「我認為我們的目標是……，但是我們的做法好像是另外一套，違背了目標。我們要怎麼解決這種矛盾呢？」

• 每天都要深入思考那些指引你行為的主要目標，辨明你的行為模式，然後用以下這個方式來想清楚這套行為模式的目的：「我主要的行為是……，所以，我要做這件事的目的，一定是……。」

舉例來說，你可能會說，你「想要」規律地運動，這是你的目標之一，但接下來你卻很少去做運動。同時間，你還提出各種無法做運動的藉口，來合理化你缺乏運動的行為。這意味著，規律運動並不是你的實際目標，你的實際目標可能只是說服自己，你有為了保持體態付出足夠的努力。再說一次，我們應該經由檢視行為，來判斷你真正的目標是什麼。

第5課　別當乖乖牌，學會理性的叛逆

「凡是大眾鼓掌叫好的，鐵定不是什麼好理由。」

——塞內加（Seneca），古羅馬哲學家

每個人都難免要試著融入某個國家、文化、職業、宗教、家庭和同儕團體等形形色色的群體之中，我們發現自己成為其中的一份子，才會認知到自己活著；但事實上無論身處何種環境，我們還是獨立的個體。我們所屬的團體各有其社會定義，並暗藏指導所有成員行為的潛規則。我們所屬的團體，會把信仰、行為、規範和禁忌加諸在我們的身上，成為接納我們的條件。

研究顯示，只要是在所屬團體中養成的行為方式與信念，一般人或多或少會視為理所當然，不過這種認同多半是盲目的。

成為團體的一份子固然有些好處，但想得到這些好處，就得付出代價。很多人做人處事沒有自己的原則，正是因為團體期待他們沒有原則。團體會將教條、成規、風俗、禁忌等等強加在個人身上，關於這點，想想社會上規定的穿著方式或性別相關法律就不難明白。團體成員會從多個方面被要求生活行為正常，切勿

標新立異等等。

對於團體的種種設限，大多數人是不由自主且不假思索地盲目遵從，還有大部分的人是在不自知的情況下，自然而然地遵從。他們將團體規範和信仰內化，表現出對團體的認同，行為舉止全按照社會的期待，絲毫沒有意識到他們的所作所為可能不太合理。多數人在社群中不具反思能力，對社會訴求的信仰、態度、行為往往照單全收。

從眾是人類社會的一大缺陷，即使是某些專斷的社會規範，有了大眾的遵從，就會被當成良善正確的準則。然而，專斷的社會規範造就許多不公不義的情事，想想那些不遵守社會慣例的人，是如何慘遭孤立排擠，像無神論者、反戰人士以及大聲說出政府施政不當的非主流派，常遭到社會的邊緣化，便是最好的例子。再進一步想想，專斷的社會慣例常衍生出專斷的法律，讓人受盡折磨（例如不適當的刑罰等）。

當你把自己培養成獨立思考的高手，就不會隨波逐流，你會自己弄清楚什麼該相信，什麼又該否決。你會認清社會教條與禁忌的本質，它們多半是群體未經客觀思考就主觀認定的產物。

當然，無可否認的是，要批判既定的文化傳統沒那麼簡單，畢竟我們終其一生，都被系統性地灌輸這些傳統思想，它們和那些當道的信仰一樣，與我們長相左右。想要抵擋這股強大的灌輸力量，需要持續的努力、洞察力和勇氣，還要你願意超然獨立於自己的信仰之外。

你需要適度的不服從

想觀察眼前的從眾現象，要先假設自己是容易墨守成規的人。唯有承認自己偶爾也會有從眾心態，才能明辨自己在何時何地會出現從眾行為。我們不得不承認，從眾現象確實發生在生活各個層面，從新聞上、人際關係上和你所屬的團體，都能找到它們的影子。你可以從旁人身上觀察從眾行為是從何而起，仔細看一般人如何宣稱自己會獨立思考，但其實卻是不折不扣的從眾者。

留意你最可能從善如流的時機（像是開會討論時，或信奉某政黨的意識形態時），而你又是什麼時候最不可能循規蹈矩。想清楚自己和他人從眾的後果，思考一味講求集體服從的後果。想想什麼時候顧及大眾觀感是合情合理（例如在餐廳講手機時降低音量），什麼時候這麼做就說不過去（例如盲目支持不合道德原則的事業或政府政策）。

開始獨立思考需要做到的事

- 寫下以下問題的答案：我的文化中存在哪些禁忌？什麼樣的行為被視為驚世駭俗或令人反感（可思考性別或毒品相關的法律）？我的文化中有什麼神聖不可褻瀆的信仰？離經叛道的人會受到何種懲罰，即便他們的行為未傷及任何人？
- 留意某些禁忌和教條如何在文化中養成。你可以注意電視或電影中宣揚的善與惡，例如經常播放警察當場逮到有人非法持有毒品，或是「好人」將「壞人」繩之以法，送他們去吃牢飯。你發現自己會為這群見義勇為的「好漢」喝采，希望「壞蛋」得到應有的懲罰嗎？果真如此的話，原因何在？是否有可能，在現實世界中，這群被公認為「好人」的傢伙所造成的傷害，遠比那些公認的「壞蛋」還多？
- 檢視你對於自身文化與所屬群體的禁忌和要求，不加批判、照單全收的程度。密切觀察自己的從眾習慣，著手列出有助於你獨立思考的方法。
- 想像一下自己生活在各式文化中，哪些信念你情有獨鍾？你又如何自處？這些根植於其他文化的信念和習性，與你本身的信念和習性有什麼差異？

- 留意你的朋友家人，有多順應當前社會盛行的意識形態，也留意自己是不是被所屬的團體壓得喘不過氣來——這些團體可能是你自願加入，也可能是你別無選擇，被迫成為其中一份子。獨立思考的人多半偏好獨處，而非一心想打入團體，遵從那些專斷的社會規範。

第6課　釐清自己真正的思想

「紊亂的生活主要源自於紊亂的思想。」

——無名氏

我們常以為自己的想法自己再清楚不過，其實不然。很多人生活中的一大問題，就來自含糊不清、模稜兩可、雜亂無章、令人誤解或容易誤導人的思維。如果你想更懂得如何思考，就必須學會釐清個人思想的技巧，也就是詳盡闡釋你的想法，並給予明確的定義。

你不妨從這麼做開始：當有人向你說明某件事時，把他們的說明內容用自己的話摘述一遍，若是你的摘要無法令對方滿意，就代表你沒有真正了解他們的意思；反之若是對方的摘述讓你搖頭，就意味他們不懂你在說什麼。嘗試一下，看看會有什麼效果。

理解自己對事情真正的想法

如果本身的思考邏輯模糊不清，就會形成聽來冠冕堂皇，其實言之無物的想法。要解決這種狀況，就要試著推敲出他人話裡的真正含義；對照人們的表面言談及其言下之意；試著找出重大新聞事件背後的真相；向他人闡述你對某個議題的理解等等，釐清自己心中的想法。練習用自己的話摘述別人的發言，再向對方求證你是否正確了解他們的意思。要小心，在你明白他人說的話之前，不要貿然贊同或否定對方。

當你開始運用這些基本策略，就會注意到這麼做的人實在寥寥無幾，原來有非常多人以為別人了解自己在說什麼，殊不知他們說話常辭不達意、有欠條理或令人困惑。你會不時體悟到，單刀直入的思考方式最有力量（例如對對方直言：「我不懂你說的是什麼意思，可以換個說法嗎？」）只要覺得這些基本動作有絲毫派得上用場的地方，不妨善加運用，如此一來你會發現自己的思路變得越來越清晰，釐清他人想法的功力越來越深厚。

釐清自我想法的念頭，可說是知易行難，就像打網球時緊盯著球一樣，我們很容易誤以為自己正在這麼做，事實上並非如此。差別在於，打網球時我們能得到立即的結果，得知我們並未把球盯好，所以球才會掛網；反觀在悶頭思考的過程中，我們卻得不到這樣的即時回饋，才會有好長一段時間都在自欺欺人。

釐清自我想法的技巧

想要釐清自己內心想法的邏輯，請採取下列基本策略：

- 一次只說一個重點。
- 詳細闡釋你的意思。
- 舉例說明，將你的想法與生活經驗做連結。
- 善用比喻和暗喻，幫助對方把你的想法與他們熟悉的各種事物聯想在一起。例如：批判性思考就像層層包覆的洋蔥，正當你以為觸及問題核心的時候，赫然發現還有一層、一層又一層，沒完沒了。

釐清他人想法可用的提問

- 能換個說法重述你的重點嗎？我不懂你的意思。
- 你能舉個例子嗎？
- 關於你所說的，我自己的理解是這樣，我有誤解你的意思嗎？

第7課 聚焦，不要失焦

「如果要解決問題，我們必須絞盡腦汁，找出有助解決問題的關鍵，排除不利解決問題的障礙。」

——無名氏

把心思放在當前的首要之務，只關注和主題相關的種種事物，你的思考才算是「切題」。所謂切題的思考模式，就是特別留意關於特定議題的一切事情，把所有無關緊要、不適切、不相干或離題的擺在一旁。

與你試著解決的問題有直接關聯的才叫做切題，當你的思考離題時，得回頭想想究竟是什麼原因，讓你偏離主題。想法天馬行空，通常是受到聯想力的驅使（這件事讓我想起那件事，那件事讓我想起另一件事），而不是邏輯關聯（若A和B為真，得出的結果C必然也為真）。當你神遊太虛時要及時回神，專注在可助你推敲出問題解決關鍵的事情上。

倘若你發現自己的思考離題了，要試著找出原因。是你的心思完全飄到別的地方了嗎？如果是，要趕緊把它拉回來。抑或是你猛然想起另一個棘手難題需要優先處理？如果是這樣，務必把此刻浮上心頭的問題搞定。

最要緊的是，無論如何都要精準掌握你面臨的問題，然後堅持到底，直到找出解決辦法；就算你暫且把問題擱置，也要有重新面對的決心，若臨時冒出其他問題，同樣要有徹底解決的毅力。總之，切忌讓你的心思漫無目標地遊走，失去了方向和紀律。

思考不能零碎片段，要有整體邏輯

零碎片斷的思考，就是沒有邏輯關聯性的跳躍式思考。當你或是他人的思考偏離主題，就得開始留意，全心尋找可助你解決問題的關鍵。如果有人提出的觀點與你手邊的問題八竿子打不著，你就可以詢問：「你現在說的，跟這個問題有什麼關聯嗎？」

你在處理問題時，務必著重於問題的癥結，才能順利解決問題，別讓你的心思飄到無關緊要的地方，也別讓他人偏離主題或轉移你的焦點。要常常這麼問：「我的首要問題是什麼？這點或那點與問題相關嗎？有多大的相關？」

確保思考切題的自我檢驗

- 我有專注在首要問題或主要任務上嗎？
- 這兩道議題有關聯性嗎？關係有多深？
- 提出的問題和我們當前的議題有什麼關係？
- 我正在審視的資訊，與當前的問題或任務有直接關係嗎？
- 我有分心到不相干的事情上嗎？
- 我沒有考慮到哪些相關的論點嗎？
- 我個人的論點和所面臨的問題有多大關係？
- 哪些論據能確實幫助我應付問題？哪些顧慮應該拋諸腦後？
- 我考量到的這個點真的和問題相關嗎？有多大關聯？

第8課 保持理性，不受情緒左右

「我們這麼想，是因為別人這麼想，要不然就是我們的確這麼想；或因別人這麼告訴我們，所以我們也認為理應這麼想；或因我們曾經這麼想，故認為我們還是要這麼想；或因我們一直以來都這麼想，故認為我們往後也會這麼想。」

——西奇威克（Henry Sidgwick），英國效益主義哲學家

批判性思考者有一種特色，就是理應改變想法的時候就會改變。優秀的思考者發掘到更好的思想時，就會改變他們的思維。換言之，他們有理性的能力，也渴望依照理性行事[5]。

不過嚴格來說，稱得上理性的人少之又少。願意改變既定想法的人不多；至於會暫且收起成見，聽聽與自己意見相左者的看法，這樣的人更是屈指可數，因為人類並非天生就會理性思考。要想具備或多或少的理性思考能力，就要有心主

5 請參見三十一頁，閱讀「信任理性」（confidence in reason）這個重要的理智特質。

動培養。儘管我們經常透過歸納得出結論，但這麼做未必合乎理性，偏偏我們大半會將自己的結論視為理所當然，不去追究結論的正當性或合理性就堅信不疑。通常我們決定認同或否定某個觀點或論據，全憑我們先入為主的觀念。

換個角度來說，我們的想法非但不是天生容易受到擺佈，反而是天生就很固執。人傾向將俯拾皆是的真理拒於門外，對完全合理的論點充耳不聞，只因為這些道理與我們既有的想法牴觸。

想讓自己變得更理性，就要隨時敞開心胸接受這個可能性——你或許錯了，而別人才是對的。要順勢改變你的想法。你要了解，承認自己的錯誤不會有任何損失，你的心智發展還會因此更上層樓。

過度捍衛自己的理念，就會失去理性

當你拒絕聽取別人的理性觀點；當別人提出有力的佐證或論述，證明他們的意見更有道理時，你還是不願修正自己的看法，這時就要特別注意。仔細觀察自己，是否真的有依照理性行事呢？是否坦然接受別人的理性聲音呢？當你驚覺自己防衛心強時，試試看能否突破心防，聽聽別人給你的金玉良言。算算有多少次你雖然把話說得頭頭是道，可是行為舉止卻不見得如此。試圖找出你或他人欠缺理性的原因，是否基於私利，而不願廣納雅言。

即使對於犯罪，也請理性看待

抓住對他人展現仁慈、諒解、包容、寬恕的機會。留意你周遭的人是不是認為行為偏差的人，就應該讓他們受懲罰和吃點苦頭，而你本人是否也有同感？你看報紙的時候，可曾注意到某些罪行，除了重創罪犯本身以外，其實並未傷及任何人？

捫心自問，法官判刑是否可能流於嚴苛？想想「三振出局法」（Three Strikes and You're Out）[6]的立法適不適切？想想把小孩當大人審判應不應該？想想「成人罪行、成人刑期」（Adult Crime, Adult Time）的立法妥不妥當[7]？此外，熟悉一下其他國家的做法（例如芬蘭），看人家是如何辦到的，可以讓受刑人出獄後在最短時間內回歸社會過正常生活，且再犯率也不高。想想有什麼法子可以不靠嚴刑峻罰或社會報復，也能處理文化偏差的問題。

增進理性思考的練習題

・留意一下別人坦承自身錯誤的時候有多難得，而掩飾自身錯誤時又有多頻繁。大多數人寧可撒謊也不願承認自己有錯，你要下定決心切勿成為這樣的人。

・大聲說出：「我不完美，我會犯錯，我經常出錯。」與他人爭執時，觀察自己是否有勇氣承認：「當然，我可能錯了，而你是對的。」

・練習在心中默念：「我或許錯了，而且常常出錯，聽到好的道理，我願意改變自己的想法。」之後找機會身體力行。

・捫心自問：「上次因為別人的看法比我更有道理，於是我改變想

6 三振出局法，是美國聯邦層級與州層級的法律，要求州法院對於犯第三次（含以上）重罪的累犯，採用強制性量刑準則（Mandatory Sentencing），大幅延長其監禁時間。這種法令明顯增長了曾有過兩次以上暴力犯罪或嚴重犯罪紀錄者的刑期，並限縮了他們獲判無期徒刑以外刑罰的機會。

7 該法案旨在讓犯行嚴重的未成年人，比照成人犯量刑。

法是什麼時候的事？以全新的角度看事情，我的接受度有多高？與我既定觀念扞格不入的資訊，我能做出多客觀的判斷？」

- 如果你出現以下行為，就有失理性：

一、別人講的道理，不願意虛心傾聽。

二、還沒弄清楚別人講的道理，就耐不住性子先動怒。

三、與人討論事情時自我設防。

- 當你驚覺自己的思想可能有點狹隘，可在寫日記時運用下列表述方式，分析自己的想法。要謹記，你在日記中越鉅細靡遺地分析，以後遇到類似情況時，思考就越能靈活應變。表述方式如下：

一、在某個情況下，我的思考有點僵化是因為……

二、我努力秉持的想法是……

三、可能更好的想法是……

四、這個想法比較好，因為……

第9課　問有深度的問題

一位才智過人者被問到：「你是如何能夠無所不知，無所不曉？」他的回答是：「凡我所不知的事，我會勇於發問、不恥下問。」

——亞伯特（J. Abbott），加拿大前總理

問題會驅動思考，你的思考品質取決於問題的好壞。膚淺的問題導致膚淺的思考，深刻的問題促成深刻的思考，一針見血的問題形成一針見血的思考，有創意的問題則帶動有創意的思考。

除此之外，問題的深淺也會影響你的用腦程度，如果你想給個盡善盡美的答案的話。好比有人問「冰箱內有蘋果嗎？」這意味你得查看冰箱，數數有幾顆蘋果；如果有人問「在這個情況下，什麼是最好的為人父母之道？」這就是要你好好思索親職的觀念，想想你現下面臨的是何種親職問題，該做何種抉擇。也就是說，針對特定的問題，我們會進行不同程度的思考。

善於思考的人會習慣性發問，來理解他們周遭的世界，尋求有效的應對之道。他們會質疑現狀，深知事情的真相絕非如表面所見，他們的問題會穿透表象、偽

裝、掩護及政治宣傳。他們經由提問，更清楚且精確地掌握當前的難題，並整理自己的思緒。從他們問的問題可知，對於呈現在眼前的表象世界，這些思考高手未必信以為真，他們不會被膚淺或暗藏陷阱的問題所惑，發問有助他們突破困境，做出更睿智的決定。

當你鑽研起發問的藝術，學著提出強而有力的問題，你的人生將更深刻、更充實，你的提問也會更接近事情的本質和核心，也更有深度。當你懂得他人所提的問題，你便能更了解他們的想法與觀點。

提問，也需要功力的累積

觀察你與他人提出的問題。你傾向問哪一類型的問題？什麼情況下你的問題搔不到癢處，而且偏離主題？你常問有深度還是膚淺的問題？多聽聽別人是怎麼發問的，留意他們什麼時候發問，什麼時候不問。審視自己好問的程度，還是別人說什麼你就默默接受。致力於增進提問的功力，你的思考才會更靈活，要注意：問題可是會左右你與他人的行動！

發問與回答的藝術

- 一有不懂的地方就發問，以便確實解開心中的疑惑。在你掌握問題的重點之前，千萬不要貿然發問。
- 遇上難以對付的麻煩時，盡可能從各種不同的角度沙盤推演，直到你靈光乍現，找出解決當前問題的最佳管道。仔細推敲哪些議題、問題或概念，是你在回答問題前必須先想透徹的，哪些訊息必須經過深思熟慮。有必要從多重觀點來看待問題嗎？若是如此，盡可能清楚、精準地詳述這些觀點後，再來回答問題。
- 在你打算討論重大議題或問題之前，最好事先寫下須在討論中優先處理的問題，並視情況需要，隨時改變討論主軸。一旦明確找到問題所在，就得引領所有參與討論的人緊扣問題，確保你們的對話激盪出合情合理的答案。

發問前整理思緒的技巧

- 我所要試著回答的問題究竟是什麼？
- 在這個情況下，這是最好的問題嗎？

- 是否有更要緊的問題，我應該優先處理？
- 這個問題有觸及到我確實面臨的難題嗎？
- 我得蒐集哪些資訊，才能回答這個問題？
- 從這些事實真相看來，什麼樣的結論才算合理？
- 我個人的看法為何？我需要考量另一個觀點嗎？
- 還有另一個角度可以用來看待問題嗎？
- 有什麼相關問題我必須顧慮到的嗎？
- 這是哪一類型的問題？經濟、政治、法律、道德，或是涉及多方領域？

第10課　認清事實、偏好和判斷之間的差異

「如果每個複雜的問題都只有一個簡單答案，那可是大錯特錯……。」

——孟肯（H. L. Mencken），美國社會批評家

三種類型的問題

處理問題時，先將問題歸類很有用。這個問題是有明確答案的嗎？還是要靠主觀選擇來解決？或是需要我們權衡各方答案再來做判斷？

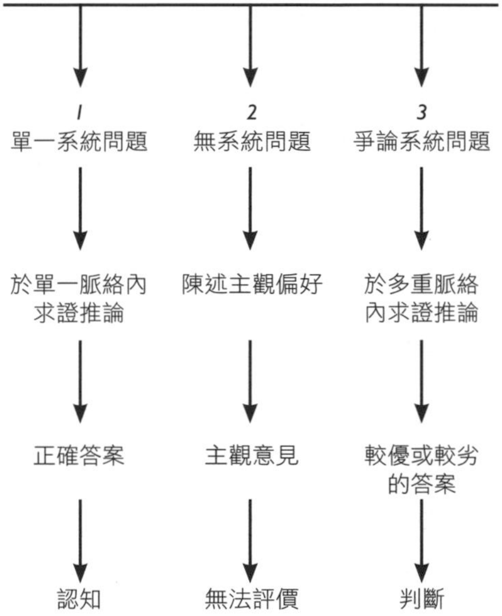

分析問題的方法之一就是對症下藥，針對問題的特性，採取適切的思考模式。單一系統的問題，是透過既定的程序或方法來找尋答案；無系統問題，是依個人主觀偏好回應，沒有所謂「正確」解答可言；爭論系統問題，則是在權衡多方觀點後尋求合理的答案，答案只有好壞之分，而沒有百分之百的「正確」答案，畢竟就連專家都難以在回覆問題時，取得共識。

事實性問題（單一系統問題）

這些問題要經由既定程序或方法尋求答案，要解開疑問，靠的是事實和定義，也或許兩者缺一不可，這在數學及科學方面尤其明顯。人人每天都會遇到這一類問題，例如：

鉛的沸點是多少？
這房間有多大？
何謂微分方程式？
電腦內的硬碟是如何驅動？
六五九加九七五的總和是多少？
怎樣才能做出波蘭傳統的馬鈴薯湯？

偏好性問題（無系統問題）

這類問題會隨個人不同的偏好而有多重答案，你大可隨心所欲地回答問題，只要答案不偏離問題就好，因此單憑個人偏好論斷某人並不合理。

這些例子包括：

你比較喜歡到山區還是海濱度假？

你偏好什麼髮型？

你喜歡聽歌劇嗎？哪一齣是你的最愛？

你喜歡房子用什麼色系？

你最愛的餐廳是哪一家？

判斷性問題（爭論系統問題）

這類問題會推論出不只一個答案，而且每個答案都還有商榷空間。這類問題是越辯越明，但答案只有較好或較差的區別（於理有據或於理無據），我們可以在一系列可能性中探索最佳解答。

我們應該利用明確性、正確性和相關性等普世的理智標準，來評估問題的答案好不好，這種做法在人文學科（歷史、哲學、經濟學、社會學、藝術等等）蔚為主流。許多親職角色、親密關係、經濟、政治等日常議題，也都涉及這種判斷性問題，例子如下：

面對國家當前最根本重大的經濟問題，我們該怎麼做才是最佳因應之道？

怎麼做才能大幅降低沉迷有害毒品的人數？

我們如何在商業利益和環境保護之間取得平衡？

稅制應如何改進？

該不該廢除死刑？

何謂最佳的經濟制度？

該怎麼和這位客戶交涉比較好？

一般人比較擅於回答事實性或偏好性問題，對判斷性問題不在行。人們往往為了簡化思考程序，一心只求「正確」答案，但人生中許多重大問題，絕對不是靠三言兩語就能回答。家有特殊兒童的父母該如何教養？和這位難相處員工共事的最好方法是？我想從婚姻中得到什麼？該怎麼做才能顯著減少地球遭到的人為破壞？我該支持何種健保制度？如何為中東地區帶來和平？以上皆屬判斷性問題，我們得在這麼多南轅北轍的觀點中思考答案。

懂得回答判斷性問題，才能擁有良好思辨力

有些人在思考時常將這三類問題搞混，看看自己是否犯了同樣的毛病？在日常生活中養成辨別這幾類問題的習慣，分辨你或他人是在思考哪一類問題？是否明明是得經由理性判斷的問題，你卻給了事實性問題才有的肯定答案？要注意別人是不是也有相同傾向。通盤考慮判斷性問題時，要鑑別所有至關重要的論點，把它們表達得越精準越好，特別是那些你不以為然的觀點。

內化並善用三大類型問題的策略

- 明瞭這三大類型截然不同的問題，你便能即刻應用到日常生活中。開會的時候，留意大家討論的主要是哪一類型的問題，是牽涉複雜的判斷性問題？是著重實情的事實性問題？還是受個人喜好左右的偏好性問題？
- 當一般人錯把判斷性問題當成事實性問題處理時，就要小心注意。比方說，當一般人武斷地堅稱他們的看法是「事實」，卻沒想到自己思考的其實是複雜多面的判斷性問題，其觀點可能只觸及到問題的其

中一個面向。

・一天結束後，將你一整天下來思索過的重要問題羅列出來，然後將其歸類，看是歸為事實性問題、偏好性問題，抑或是判斷性問題。這三大類問題你要如何個別處理？對於事涉複雜的判斷性問題，你是否只以單一答案回應？只須憑主觀好惡回答的問題，你卻要對方費神思考對錯（其實大可不必如此）？

第11課　深思每件事的後果

「愚者多為事後諸葛，智者卻有先見之明。」

——希爾（Richard Hill），倫敦主教

所有思考都具有內在驅動力，引領你朝某個面向思考，甚至助你一臂之力找到結論。如果你察覺不出思考過程發出的弦外之音，就算不上善於批判思考的人。同理可證，要是從生活中種種發想推敲而來的結果被你忽略，也不能算是懂得批判性思考。要特別注意你的思考會引領你通往何處。

- 這食物你吃了（或不吃）會有什麼後果？
- 你做這麼多練習有多大成效？
- 你花了那麼多時間有什麼效果？
- 你回應或漠視這些情感會有什麼下場？
- 你生活中充斥恐懼、憤怒、羨慕、嫉妒等情緒會有什麼影響？

在付諸行動前會考慮此舉可能產生的影響，顯然你對於行動後有什麼後果了然於胸；但偏偏有人壓根沒想過，單憑個人的決定行事會有什麼後果。有人大享吞雲吐霧的樂趣，卻沒做好肺部健康恐出問題的心理準備；有人疏於鍛鍊身體，卻沒想過肌力因此退化的殘酷事實；有人未積極拓展思考能力，卻沒料到隨著年齡增長，心思卻也越來越僵化封閉。他們沒想到自己的所作所為已暗示未來的結局，沒想到要養成三思而後行的習慣，行事才會更加聰明、活得也更理性。具批判能力且深思熟慮的思考者，會先考慮後果才有所行動，並按斟酌的結果修正自身行為，以免嘗到負面苦果。

不僅你的任何決定會預告可能的結局，你所說的話、你的用字遣詞也都暗含言外之意，換言之，你會這麼說是因為你意有所指。好比你大聲怒斥老婆「為什麼不把碗洗一洗？」這時你最起碼的意思是：

- 她「該」洗碗卻沒有洗。
- 她「知道」自己該洗碗卻沒有洗。
- 她知道如果碗沒洗，你會不高興。
- 未來再發生類似情況，她最好把碗洗一洗，除非她想讓你生氣，惹得你對她大呼小叫。

正因為你說的一切都帶有弦外之音，因此用字遣詞要格外慎重，確定你徹底想過話中的含義再開口，說話千萬要小心精確。

留意舉動與言語隱含的影響

要留意你與他人的任何決定，背後潛藏著哪些後果，有些決定隱含的後果昭然若揭，有些則沒那麼明顯。當心你可能會顯得話中有話，並密切注意你一舉一動可能招致的後果；在採取行動之前，列舉你這項決定將帶來哪些重大影響。

留意他人是怎麼因疏於考慮後果而魯莽行事。有些決定或許無傷大雅，有些決定卻可能至關重大，這類例子在報紙上比比皆是。要找機會協助他人思慮清楚行事後果，包括你的親人、同事、員工或其他關係密切的人。

想好後果，做對決定的小提醒

• 把你的人生看成是無時無刻都在選擇，任何時候你都有X、Y或Z做法可供選擇。無論什麼行為模式都有其最後結果，哪一種結果是你想要的？該怎麼做才能預料到可能結果？答案是深究自身行為，審慎考慮每項決定可能帶來的後果，做決定的時候要多加留神。

．面臨棘手問題時，列出各項解套方案的可能結果，哪個看來成效最好，就照這個方法做。

．思考目前的生活方式能否替你帶來幸福。如果你一直照現在的方式過活，可能會面臨哪些結果，不妨列舉出來。你滿意這樣的結果嗎？同時還要特別留意你的生活習性所造成的負面影響。

．表達個人想法時，要注意你的用字遣詞，留意自己和他人的話中含義。開口與人對談前要慎選自己的措辭，深知如果使用哪些詞彙，可能會透露出哪些暗示。

預料行事後果的建議提問

．如果我決定採取X做法，可能產生何種結果？

．如果我決定不採用X做法，又會有什麼結果？

．如果我們在這種關係中做出此種決定，可能有什麼後果？我們以前做類似決定時又有什麼後果？

．漠視特定問題會有什麼後果（例如親密關係或親子關係中的問題）？

．如果我現在的生活方式和過去沒什麼兩樣，我可能會面臨什麼結果？

第12課　許多推論，都來自你的預設立場

「明智的人會讓他的信念與事實相互協調。」

——休謨（David Hume），蘇格蘭哲學家

人們常常會把推論（inference）和預設（assumption）給搞混。但是，搞清楚這兩種推理思考要素的不同，是很重要的一點。

推論是一個思維步驟，在這個步驟當中，心理思維會這樣說：「這是對的；因此，那個就是對的。」所謂的結論或推論，就是先以某件對的、或看似對的事情為基礎後，進而想到另外一件事情也是對的。人們在一天中會反覆進行推論，這些推論可能言之成理，也有可能不合情理。所有的推論都是根據某些預設立場，也就是我們認為理所當然的事情而來。

言之成理的預設就會導向合理的推論。預設通常是在無意識的狀態下運作，但若能攤開自己的預設立場，仔細審視，我們常會發現那正是種種偏見、刻板印象，以及其他不理性思考的根源。

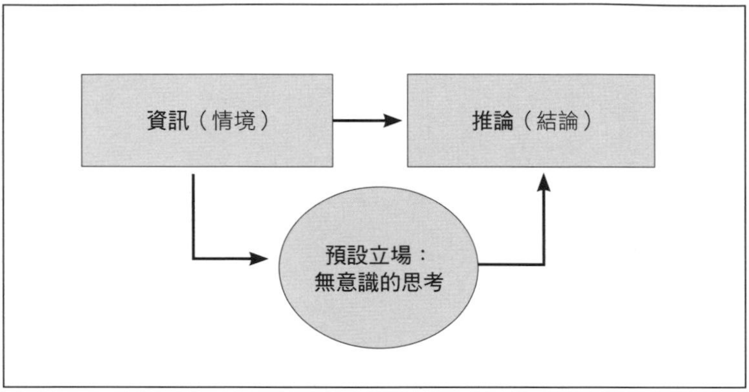

試想以下幾個用來分辨推論和預設的範例。

範例一：

情境：我的國家正與另外一個國家處於衝突狀態。

推論：我的國家在這場衝突中擁有正當理由。

預設：我的國家和其他國家陷入衝突時，總是擁有正當理由。

範例二：

情境：我的另一半和她的男性主管在工作之餘，還長時間待在一起。

推論：她和她的主管有不正當的關係。

預設：只要一個女性和她的男性主管在工作之餘還長時間待在一起，就是有不正當的關係。

下列表格中的方法有助於分辨，在你的思考過程中，推論和預設有什麼不同。

首先，請判斷你在某個情境下可能會推論出些什麼（無論是理性或不理性的推論都可以）。接著，再判斷出讓你產生這種推論的想法，或是具體的歸納過程，也就是所謂的預設立場。

資訊（情境）	可能想到的推論	導向這個推論的預設立場
你看到某個人從行駛中的汽車窗戶丟出垃圾。	這個人不懂得什麼叫做亂丟垃圾。	只要某個人從行駛中的汽車窗戶丟出垃圾，就是因為他不懂什麼叫亂丟垃圾。
你看到某個眼睛瘀青的人。	這個人被別人打了。	只要某個人眼睛瘀青，就是因為他被人打了。
你在雜貨店看到有個小孩在媽媽身邊哭鬧。	那位媽媽不願購買小孩想要的東西。	只要雜貨店裡有小孩在媽媽的身邊哭鬧，就是因為那位媽媽不願購買小孩想要的東西。
你看到有個人拿著紙袋坐在路邊。	這個人一定是流浪漢。	所有拿著紙袋坐在路邊的人都是流浪漢。

在明確分辨出什麼是推論，又搞清楚了導向那些推論的預設立場後，你就更能掌控自己的思考，以及自己的生活了。你會開始發現，有哪些自視理所當然的預設立場或想法信念，在左右著你的行為。

舉例來說，假設你很自然地認為，所有主管都很專斷、喜歡控制他人，那麼你的每一個主管在你看來就都會是這樣的。假設你理所當然地認為自家公司所造成的工業汙染不會引發健康問題，那麼你就不會去積極確認這個假設是否言之成理，是否有證據支持。假設你認為無論你對待另一半有多麼不好，對方永遠都會待在你的身邊，那麼往後就可能會發生令你意外的事情。

人們常會說「我認為某事是對的」，但他們的意思其實是「我推論某事是對的」，或「我推論出了某事」。如果人們認為某件事情是對的，那麼他們可能就不會將它掛在嘴上，而是會視之為理所當然，不需要特別說出來。他們很可能認為別人也和他們有相同看法，因此就不會再向其他人確認。請記住，預設立場通常都存在於無意識的思考中，所以你不見得能夠輕易感受到。

你推導出的結論，來自不一定正確的立場

人們常常會把推論和預設給搞混。要注意人們有多麼常對自己的推論和預設

立場，毫無自覺，同時也留心你自己使用「我猜……」、「我認為……」（預設）或「那一定是……」（推論）等字眼的時候，並在其他人使用這些字眼時多加注意。想一想，你或其他人有沒有正確地使用這些字眼？要想找出你有什麼預設立場，首先就要多加留意你的推論過程。

掌握推論和預設，學會邏輯判斷的方法

- 練習分辨推論和預設立場的不同。先為自己想像一個特定情境，接著，再設想在這樣的情境下，你可能會做出什麼樣的推論，無論正當與否都可以。最後，判斷是哪一個預設立場，導向了這個推論。你可以模擬本課中的表格，自己畫出不同的情境。
- 全天候練習分辨推論和預設的不同，以便徹底落實這個基礎。你可以利用類似上一條所說的方法，去注意兩件事情，首先是你的推論，其次則是你的預設，就像這樣：「現在，在這個情境下，我推論出了某事；我很確定這個推論是來自於某個預設……」別擔心你的推論和預設看起來有多深奧或是多膚淺，只要努力去理解這就是發生在你心理思維裡的過程就好：情境，接著是推論，再接下來則是預設。

• 請注意，雖然預設是推論的生成原因，但我們必須反向回推。我們要先檢視推論是什麼，因為推論是一種比較容易意識到的思維，所以比較容易辨識出來。

• 當你精通、熟練這套基礎策略後，就可以把目標放到那些你要做的重要推論上了。這些重要推論可能關乎你的職業、婚姻、工作上的難題、養兒育女的方法，以及社會議題等等。

第13課　看穿文字背後的真相

「我們被這個景象所俘虜，無法掙脫出去，因為它就存在於我們的語言之中，而語言則無可阻擋地不斷向我們重複播送。」

——維根斯坦（Ludwig Wittgenstein），英國哲學家

我們往往不太了解，言語在現實世界的體驗中，扮演著什麼樣的角色。打從一來到世上，我們的四周就環繞著各種語言和概念。比方說，父母可能會指著某個物品或人物，對小孩說出相關的字眼——這是椅子、這是湯匙、這是媽媽、爸爸、壞的、好的、美的、醜的、好心的、惡意的。我們靠著這些和其他許許多多的言語，形塑出自己的觀念，像是「我很乖」、「我的爸爸媽媽是最棒的」、「有些人是壞人」、「這種東西很醜或很噁心」。

由於我們天生就有社群中心傾向，所以我們也經常按照社會肯定與否的標準，來形塑自身的觀念，不假思索地接納社會所肯定的看法。隨著年歲漸長，我們會根據心目中所組合起來的各種言語和意義，形成各種意識形態、觀點和世界觀。這些觀念根植在言語之上，造就出我們的思維；它們支配著我們觀看世界的

方法、我們所設定的預設立場，以及我們用來思考事情的種種理論。

我們常會字斟句酌，以求滿足個人私利或堅持自己的觀點。譬如「故弄玄虛」這個概念，就是利用語言來刻意掩飾或扭曲話語的根本意義，它很生動地說明了這一點。試想以下這些例子：[8]

- 附帶損害（collateral damage）[9] 這個詞彙，掩蓋了戰爭中有人無辜犧牲的事實。
- 我們國家的孩童可以被教導「怎麼去認識這個世界」，但反之古巴、俄國、伊朗或利比亞的兒童就是「被洗腦」。
- 政治人物不是「亂花」納稅人的錢；他們是在「投資未來」。
- 我們是自由鬥士；他們是恐怖份子——即便我們都做出了某種「不道德」的行為。
- 我們代表正義；他們代表壓迫。

8 部分範例取自於這個網站：www.newspeakdictionary.com，二〇一一年六月十一日。

9 指平民或其財產，因附近被摧毀的軍事目標而遭受的損害。

• 我們是有自信；但他們（只要與我們對立的人）則是很傲慢。

• 當我們的盟友在敵人手中喪生時，我們就說那是冷血攻擊；當敵人在我們的手中喪生時，我們則會說這是有仇必報。

• 美國政府以引渡犯（rendition）這個字眼，來指稱那些他們非法綁架到法律保護範圍以外的其他國家、並囚禁起來的對象，目的在於方便當局可以在有需要的情況下拷問囚犯，因為美國法律禁止在美國本土進行這類拷問。

• 我們把農場畜養的動物稱為家畜（livestock），而不是「宰來吃的動物」。我們也會使用肉品、牛排肉和家禽肉等字眼，而不會說是死動物肉（請想像一下在餐廳裡點死動物肉的情景）。

也請試想以下這些言不由衷的話：

• 有時候我們嘴上會說：「我愛你」，但實際行為卻彷彿在說：「在還沒有更好的人出現之前，你可以勉強湊合一下。」

• 有時候我們嘴上會說：「我需要自由」，但實際行為卻彷彿在說：「我不想為自己的小孩負起責任。」

• 有時候我們嘴上會說：「沒有人是完美的」，但實際行為卻彷彿在說：「我正在遮掩自己身上那些不只偶爾出現的過錯。」

- 有時候我們嘴上會說：「我需要更多的愛」，但實際行為卻顯示：「我需要更多的性。」
- 有時候我們嘴上會說：「她是個隨便的女人」，但她的行為卻只是顯示：「她用有別於傳統的方式，來探索自己的性欲。」
- 有時候我們嘴上會說：「我就是喜歡美食」，但實際行為卻顯示：「我對不健康的食物上癮了。」
- 有時候我們嘴上會說：「我真的有試著省錢」，但實際行為卻顯示：「我對購物上癮了。」

我們選擇的用語決定了我們對於「真實」的看法。舉例來說，如果你不願意配合同事們不理性的想法，就可能會被認為是「不合群」（uncooperative）。按照這個邏輯，要「合群」（cooperative），就意味著要接受眾人的想法，即使那個想法並不合理。

試想美國政府用來拷問他們所謂「敵人」的「水刑」（waterboarding）。這個詞的原文聽起來可能像是使用衝浪板在海上進行娛樂活動，但實際上這個動作的意思，卻是把水灌到一個仰面躺著的人臉上，讓他感覺像快溺斃一般，並且反覆進行。但利用英文的「waterboarding」這個字眼，我們就可以混淆虐囚的事實，把虐待的行為加以掩飾、淡化，然後隱匿可怕的真相，為自己形塑正面形象。

簡而言之，你對事情的想法，以及（在概念化的過程中）你認為自己和那些事情有什麼關係，決定了你會有什麼樣的行為[10]。而這些概念化過程，又和你所選擇的用語有密不可分的關係。但是批判性思考者會試著使用緊扣真實情形的用語，透過遣詞用字來掌控自身行為。他們明白，自我欺騙只會讓他們的想法流於自私，而不能反映真相。

不自覺吐露的言語，往往藏著最多問題

留意自己是否措辭不當，並留意其他人是否會利用措辭來謀取自己的利益或好處。留意他們所說的話是否並不符合事實真相，好好思考那些看起來不正確或

10 所謂的「概念」（concept），是一個很難傳授的概念。秉持這個認知在這裡可能會有些幫助。我們必須用想法來解釋想法，仰賴各種概念來理解其他概念——所以這也是這堂課的困難之處。若想再進一步了解，則可以參考威爾森（John Wilson）的著作《用概念來思考》（*Thinking with Concepts, 1970*）（暫譯）。

不合邏輯的說法，並檢視你自己所選擇的用語。你會不會（自私地）用某些方式來描述事情，好讓自己得到更多呢？請在心裡剝去事物的語言包裝，嘗試看穿真相，才能更好地了解其他的人事物。語言並不等於事物本身——我們若能吸收這個觀點，就會得到一個有力的工具，可以掌控自己對事物的定義，從而掌控自己的生活了。

小心用語，可以讓你得到更多

・當你和某人產生歧見的時候，請盡可能精確地（以好意的方式）陳述出對方的觀點。留心你用來描述對方觀點的用語，並想想看有沒有不同的字眼，更能抓住那個觀點。如果可以的話，讓那個與你意見不同的人聽一聽你所做的闡述，詢問對方，你的話有沒有貼切掌握到他的觀點？如果沒有的話，再重新闡述一次，直到對方滿意為止。

・留心你自己所說的話是否並不理性，或是隱匿自己當下真正的想法。你想要隱藏些什麼呢？哪些自身想法會讓你想要視而不見呢？生活裡有什麼事情是你所不想面對的呢？

舉例來說，那些在工作中覺得陷入困境的人，常常他們所說的話，從根本上就會讓自己處於困境。與其說一些自我侷限的話，不如說一些能夠自我解放的話吧：與其說「我沒辦法做些什麼事情來改變我的情況」，不如說「我可以做些什麼事情來改變我的情況，我只需要想清楚可以做些什麼，並開始朝那個方向去做」。前一種說話方式會讓你陷入困境，後一種方式則可以讓你自由。

- 留意其他人選擇的用語，注意他們的說話方式在那個情境下，是否言之成理。
- 留意某些人怎麼靠著文字的掩飾，不顧其他人的權益，讓自己得到更多想要的東西。譬如一般人會說自己「需要」某件事物，但實際上他們只是「想要」那個東西。這種情形在資本主義國家非常普遍，並導致特定產品生產過量，浪費了地球的資源。
- 留意人們怎麼用言語貶損他人。舉例來說，超過一百年來，有恐同症的人長期使用貶抑的言詞和表達方式，來談論同性戀者——例如英語中的「queer」、「homo」、「that way」、「a bit funny」和「a friend of Dorothy」[11]等諸如此類的用語，都是這樣。這些用語讓他們保持敵意，從自己的角度來定義同性戀者，有時候甚至還會引發「仇恨犯罪」或其他不道德行為。

・當你和某人意見不同時，不要用你的方式來解讀（概念化）那個情況，只要陳述出事實即可。不要說：「你總是做〇〇〇，從來不做XX」，改成說：「這是我看到的情況，這些是相關的事實資料。你同意我對這些事實的陳述嗎？有什麼最合理的方法，可以解釋這些情形呢？」放開心胸，接受你可能會在這個過程中，發現自己誤解了實際情形，特別是當你自己也是當局者的時候。

・試著對自己的措辭更提高警覺。讓你所說出來的每個字句，都能夠盡量呈現出事實的真相。也要注意的是，很少有人對自己的言語做到這種程度的掌控，因此也很多人很難掌控自身的思想和生活品質。

11 譯者注：美國女演員茱蒂・嘉蘭德（Judy Garland）據傳是雙性戀者，也經常公開發表支持同志的言論。由於她的代表作是音樂劇《綠野仙蹤》（*The Wonderful Wizard of Oz*）裡的桃樂絲（Dorothy）一角，因此「桃樂絲的朋友」（a friend of Dorothy）遂成為同志的一種諱稱。

第14課 當你覺得自己學會思辨，那你還得再思考一下

「若想對某件事情遊刃有餘，首先便得努力去做這件事情。」

——詹森（Samuel Johnson），英國作家

創造公正的批判性社會，最大障礙之一就是我們自己。許多人都認為自己最為正確無誤，也就是說：想要知道事實真相，「問我就對了」。他們先入為主地認為自己的思考方式最好，認為他們的價值觀最高尚，他們的角度也最為周到。

無論哪個黨派、宗教甚至持無神論立場的人，都覺得自己很懂得批判性思考；老師和行政人員、雇主和員工、丈夫和妻子、家長和子女（至少是成年子女），所有人都覺得自己擁有思辨能力。

正如我們早就說過的，無法認知到自己的無知，是人性思維的一大特色。每個人都有這種傾向，無論他們的理智技巧和能力處於什麼程度。從訓練有素的醫生和科學家，到工廠和農場的工人，我們所有人身上都有這種類似現象。

發展批判性思考和發展其他任何一種複雜技巧一樣，都需要勤快的練習和深

刻的決心，但是不少人卻往往認為自己的思考沒有問題，不需要特地去「練習」。很多人會迅速承認因為自己從來沒學過，所以不太懂、甚至完全不懂怎麼拉小提琴；但談到思考可就不同了。他們不會說因為自己從來沒學過，所以不太懂、或甚至完全不懂怎麼思考。相反地，他們會不假思索地為自己的想法進行辯護。

由此可見，問題在於人類社會對於思考，也就是培養公正的批判性思考這回事，並不夠認真看待。很少有人像這本書這樣討論批判性思考，即使這個字眼常被提到，卻極少有人會正本溯源地探討它。如果你要某個人為批判性思考下個定義，大多數的人可能都答不太出來。他們也許會給出一個偏頗或模糊的答案，也許是把批判性思考當成某種公式化的問題解決途徑。

但是，現在請你把批判性思考想成一種永遠無法完全理解的東西，因為它永遠都有另一個層次。換句話說，我們應該把批判性思考，想成一種「雖不能至，但心嚮往之」的境界。原因在於，我們的思考多半都是自我中心和社群中心的，永遠都無法成為一個完美無缺的批判性思考者。

思辨並不容易，深諳思辨的人少之又少

隨時留意「批判性思考」一詞的使用，留意人們多麼常把這個字眼，跟他們

早就相信的事物連在一起，就算那套想法並不完善，也覺得是自己經過「思辨」的產物。我們必須小心，人們往往預設自己的想法就是合理的，就算那樣的邏輯根本不通。

持續發展思辨能力的訣竅

- 列舉出你會在生活中哪些地方，認為自己是個懂得批判思考的人。找出你在前述每個方面有什麼思考弱點，如果找不出任何結果，請再持續往下挖掘。
- 列舉出你會在生活中的哪些地方，坦言自己並不懂得批判思考，或是無法像在其他方面一樣做出好的批判性思考？明確找出你思考中的錯誤之處。請記住，納入越多細節，就越有機會把問題找出來，並且加以解決。
- 多加留意其他人使用「批判性思考」這個字眼的時候，詢問他們對於批判性思考的定義，看看他們的定義是否實在。
- 平心靜氣地接受自己的思考不夠完美，但還是要努力進行長期的逐步提升。

・寫篇日記或一封信給自己，讓你最理性的一面來發聲。你可以這麼起頭：「理論上，我希望成為一個懂得批判性思考的人。我想要掌控自己的想法、感覺和欲望，不過我發現自己還是會……，我還是會有以下這些不理性的行為……，我一直會……。但儘管如此，我的確開始在注意避免……。」

第15課　無私很難，但你可以試著公平一點

「自私是一種可憎的罪行，沒有人會原諒其他人的自私，但也沒有人是不自私的。」

——畢茲（H. W. Beecher），美國佈道家

人的思考天生就是自私或自利的，自私是一種本能的人性傾向，而不是學習得來的——但是一個人所屬的文化和群體，還是可以鼓勵或壓抑他的自私。每個人一生下來就會注意「第一名」是誰；不幸的是，這往往也意味著我們會對「第二名」和「第三名」的人有失公允。

然而，你還是可以避免當個自私的人，並且成為一個公正的人、甚至懂得公正思考的人。你可以學著多去注意別人的權益、需求和欲望，而不必「欺騙自己」是個公正的人。

當你學習秉公思考的時候，就會同樣重視自己和其他人的權益需求；甚至為了達到公平的狀態，放棄追求自身的某些欲望。你會學著克服自私，學著怎麼跨出自己的看法，走入其他人的觀點當中。你會把公正性[12]，看成一種值得追求的人格特質。

身為既得利益者時，更要留心「不自覺」的自私

留心眼前可見的自私想法或行為——無論是在你或在其他人的身上。留心一般人有多麼常正當化自己的自私，又有多麼常反對其他人的自私。仔細檢視自私在你的生活中扮演了什麼角色，還要注意的是，要公平對待那些你心目中的「壞人」（違反某些道德或規範的人），是多麼困難的事情；認清自身行為的不公正，又有多麼困難（因為大腦會自然而然地掩蓋那些它不想面對的事）。

12 請參見三十頁關於公正性（fairmindedness）的解釋。

察覺自私，嘗試無私的自我檢查

- 請日復一日地認清這一點：你就像其他所有人一樣，天生就是自我中心的；你就像其他所有人一樣，最關心的就是這個世界上的萬事萬物，對你有哪些好處。唯有優先考慮到這個事實，你才能著手控制自私和自我中心的傾向。
- 請提高警覺，注意自己是否會有自我欺騙的心理動作，例如忽視

其他人的看法。請記住，所有人都會有某些自我欺騙的行為，只是有些人能夠認知到自己的這種傾向，並持續努力地加以控制。

・記下你每一次做出的自私舉動，當你察覺哪些自私的問題時，獎勵一下自己，但不要讓自己鬆懈。找出那些用來合理化自私舉動的藉口，把你自己在什麼時候、如何展現自私的情形，詳細寫下來。接著再寫下那些因為你的自私而受到影響的人，他們有什麼看法。思考一下未來在類似情況下，你可以怎麼避免做出這類行為。或許你可以使用下列格式，來記錄你的「自私事件」，請盡可能地誠實。在你仔細整理思考的時候，請不要在心裡偷偷自我欺騙。

今天，我做出了以下這個自私舉動：

我自私（但沒說出來）地這樣想⋯⋯

我的自私經由以下這個（些）方式，影響到了這個人或這些人⋯⋯

以後，我在類似狀況下就可以靠著以下這些理性做法，而不會變得自私或自我中心⋯⋯

• 盡可能地把握每個機會，廣泛思考一些牽涉多重觀點的議題。假如無論在什麼情況下，你的思維都偏向你自己的觀點，那就請你有需要的話，強迫自己用其他相關角度，來思考那個議題或狀況。

培養公正思考的建議提問

• 我現在有公平地對待某人或某事嗎？
• 我會把自己的欲望，優先放在其他人的權益和需求之前嗎？我想要的東西究竟是什麼，我又忽視甚至侵害了哪些人的權益或需求？
• 我有多常從其他人的角度，來思考自己的生活方式？
• 我是否為了自身利益，而對這個情境下的真相視而不見呢？如果面對現實的話，我會不會改變自己的行為呢？
• 我有沒有運用充分周到的思考，以求達到公正呢？我探討過多少個其他角度？我思考過哪些觀點呢？
• 我在哪些情況下比較容易變得自私？是對另一半嗎？還是對親人、朋友或同事呢？

第16課　掌握自己的情緒

「反覆自擾、無法導向思考或行動的情緒，是導致瘋狂的要素。」

——史特林（J. Sterling），蘇格蘭作家

人們常常不太清楚情緒在生活裡所扮演的角色。譬如說，我們的文化經常把人分成兩種類型：思考者或感受者。因此，有人可能會說出以下這種話：「我們這段關係的問題就在於，你喜歡思考，而我喜歡感受事物。我是一個感情豐富的人，但你不是。」

然而，把思考者和感受者劃分為二，是一種概念上的錯誤。我們身為人，當然成天都會思考，也都會體驗到各種情緒；在這種時候，你就會思考些什麼、感受到些什麼，並且想要些什麼。你會思考你所閱讀到的內容，感覺到一些情緒，這些情緒都來自於你怎麼去詮釋所讀到的概念。然後，這些想法和感受會促使你繼續讀下去，或者是停止閱讀。一整天下來，這種情況往往會一而再、再而三地重複上演。

認知（思考）和感動（感受和欲望）是一體的兩面。比方說，如果你認為某

個人對你不太公平，你就會對那個人產生一些負面的情緒（例如憤怒或怨恨）。心理的感受，正是源於你對特定情境的思考結果。除此之外，情感也可以有效地影響並驅動思考。舉個例子，假設你認為某件事情很不公平，並感到憤怒，這股憤怒可能會驅使你去思考自己可以做些什麼，來杜絕這個不公平的情形。

感受和情緒，是你對外所展現的一個重要部分。感受和情緒可能是正面的，抑或是負面的，它們表示出你是從正面或負面的角度，來理解那些概念。感受和情緒也可能是合理或不合理的，但你怎麼處理情緒，卻可以讓你的生活品質有很大的不同。

你可以強化或削弱某種情緒，也可以用情緒來驅使自己朝好的或壞的方向前進。在檢視自身情緒的同時，也請你研究一下這些情緒背後的想法。你可以對付那些會讓你作繭自縛、徒勞無功的痛苦情緒，也可以透過掌控思考，來控制住思考所產生的情緒。請參見第三十五頁有關這個概念的表格。

透視負面的情緒，找出思考的問題所在

注意你的感受和情緒，包含你的情緒和他人的情緒。不只要看表面上那些顯而易見的情緒；也要看看表面下，那些你拒絕承認的感受。注意別人往往會怎麼

去合理化他們的負面情緒。也請注意，我們很容易就會想要抹滅那些心底深處的情緒，或是我們不認同的看法。

請深入檢視，情緒在你的生活裡究竟扮演著什麼角色？要知道，即便是負面情緒，也可以讓你有所成長。如果你的所作所為會對其他人造成傷害，那麼你就該對自己的行為感到抱歉。每當你產生負面情緒時，請停下來捫心自問：「這是為什麼呢？我為什麼會這麼憤怒？是什麼樣的想法或行為，讓我產生了這種感受？」設法用實際有效的思考，來對付徒勞無功的思考——這應該可以讓你感到收穫豐富。

這套辦法是專門針對負面情緒而設的。藉由分析負面情緒的形成原因，你可以找出自己思考和行為的問題所在。但若是你並沒有太多的負面情緒，也可能有一些原因可以解釋。譬如，你的生活可能極度理性，所以這種合理且無私的生活方式，就會為你帶來正面積極的情緒。又或者你很善於操控旁人，無需做出改變就可以達到目標，所以你對生活感到滿意愉快。例如一個成功的統治者，他的情緒基本上也都很正面。你究竟會有些什麼樣的情緒，其實是由你自己作主。

理解情緒進而掌控情緒的思考技巧

・開始去注意你會固定產生哪些情緒。每當你感受到負面情緒的時候，問問你自己：「是什麼想法導致了這些情緒？」看看你能不能找出隱藏在情緒背後的某些不理性想法。如果可以的話，就改用更完善、更合乎情理的思考，來對付那些想法。一旦你開始進行新的思考，你的情緒應該也會隨之轉換。

・如果你在生活中經常感覺到負面情緒，請近距離檢視造成這些情緒的原因。是因為你自己嗎？是因為不理性的思考導致的嗎？是因為你的工作不順利嗎？在你無法直接面對那些造成負面情緒的問題之前，在你不採取行動改變現狀之前，這些負面情緒都會一再糾纏著你。所以，要去找到負面情緒的根本原因。在你徹底解決那些問題前，都不要忽視這回事。有些思考可以帶來正面的情緒和有成效的行為，請用這種思考來應對你的自身思維。

・請更加具體且專注地面對你的情緒，把它們寫下來，然後再把日記裡寫下的負面情緒當作對付目標。請採用以下這個格式：

我的負面情緒是……
我有這種負面情緒的原因是……
為了不再有這種負面情緒，我必須改變的想法（或情境）是……
還有一個更有效的思考方式就是，告訴你自己：「如果我改變思考方式，我的感覺應該就會出現如下的改變……」

第17課　控制自己的欲望

「無法自律者便不會真正自由。」

——畢達哥拉斯（Pythagoras），希臘哲學家

假使你想要為自己的人生作主，你就得好好掌控欲望，因為欲望會直接影響到你的行為。若無法掌控欲望，你很容易就會去追求一些不理性的欲望——導致危害自身或傷害他人，如支配欲即是一例。當你無法對自己的欲求目標，進行積極的評估和批判時，往往就會淪於追求一些無意義的欲望，但自己卻不明白是為了什麼。

然而，當你成為一個懂得自我反省與思考的人，就可以辨別各種欲望是否合乎情理，是不是有正當理由。你要努力對那些會帶來不幸的欲望說不，打破習慣，不再滿足那些會危害自身的欲望，然後養成有益的習慣，以實現你的人生目標。很多人都曾因毫無節制地追求錢財、權力或外在肯定，結果遭到痛苦的折磨，若能明白這一點，你就會小心監督自己體內與生俱來、但卻有害的人性欲望，然後追求更簡單的生活。

大多數的不理性欲望，都是在下意識之間運作，若能了解這一點，你就會努力把欲望挖掘出來，好好檢驗一番。把你的目的、目標和動機都講清楚、說明白，以利評估。重點是你要了解，欲望的運作會涉及到思考和感受。每當你產生欲望，那都是來自思考的結果。當你跟著那些欲望去做的時候，就會體驗到種種感受。

舉例來說，假設你渴望、或想要換一份工作，那是因為你認為那份工作在某個或某些方面，比你目前的工作更好。而當你開始從事這份新的工作之後，也會產生某些情緒，如滿足、不滿、充實或挫折。若你感到不滿，或許這就會驅使你重新思考自己的決定，或許你會試著回到原本的工作崗位上。

由此可見，心理思維的三個功能——思考、感受和欲望，都可以持續地彼此互動、彼此影響。深諳批判性思考的人很明白思考、感受和欲望這三者之間的關係，由於欲望會導引行為，所以他們會固定評估自己的欲望是否合宜；而由於思考會帶來欲望，所以他們也會去分析自己的思考。

你追求什麼，影響著你的生活幸福與否

留意你的欲望是什麼，而其他人的欲望又是什麼。請注意人們有多麼常去追求一些不理性的欲望。搞清楚哪些欲望是你願意直言不諱的，哪些又是你想要隱

匿起來的。留意人們有多常試著合理化一些自私的欲望，又怎麼否定其他人的自私欲望。密切留意生活中的種種欲望有什麼含義。

追求每個欲望都有它的代價，請注意追求財富、權力、地位和名譽，會對生活品質造成什麼影響——包括你的生活，和其他人的生活。很多苦難和不公不義都是由此而生，只要屈服於自私或不理性的欲望，就永遠也無法成為一個通情達理或公正的人了。

控制欲望的實踐守則

- 請明白，你所採取的每一個行動，背後的動力都是你的目的或欲望。一一列舉出曾經讓你感到羞愧、痛苦的行為，或是其他某方面的失常行為。針對清單上的每一項行為，詳細寫下你為什麼會做出那個舉動的理由。接著一一對這些理由提出質疑：你的動機是什麼？由於自我中心的思維會企圖使你相信，自己沒有任何不理性的欲望，所以你可能得稍微深入探究內心真正的想法。
- 全面思考你所列出的每項行為有什麼意涵。詳細寫下每個行為所造成、或可能造成的狀況，盡可能地具體明確。再次提醒，請不要逃避真相。

・針對那些失常行為，列出一些馬上就可以做到的改進辦法。請記住你的行為會伴隨著欲望而生，而這些行為可能也會受到環境的影響，所以相應而來的問題就是：你需不需要改變環境中的某些事情呢？你需不需要搬個家呢？你需不需要擺脫一段不好的關係呢？你需不需要學習更好的應對策略呢？你需不需要每周重複翻閱這堂課的概念，溫習一下這些實用的辦法，以便對付那些不合理的欲望呢？

・詳細寫下一個改變失常行為的計畫，寫得越詳細，你的計畫就會越有用。

第18課　別要求他人照你的話去做

「希望讓人畏懼更甚於受人喜愛的人，他們的力量令人憎恨，他們的生活令人可悲。」

——尼波斯（Cornelius Nepos），羅馬歷史學家

所謂的支配，就是控制、或用權力凌駕其他人，不顧他們的權益和需求，只求滿足自身的利益。這種行為也可以稱為「當老大」。有很多問題，都是因為我們天性中存有支配他人的傾向，霸凌者就是很明顯的例子。但支配關係常常是間接存在的，所以也很難察覺。人們透過操弄手段來進行支配，是現代社會的核心作用之一，但也幾乎總會在某種層面上，讓被支配者受到傷害。這是一種為禍極大的人性傾向。

不幸的是，那些可以成功支配其他人的人，那些可以直接控制、壓迫或操弄他人按照他們的意思去做的人，可能也是最不想要改變這一點的人。確實如此，因為「成功」的支配者，往往情緒上也都很正面。他們經常認為事情都會朝著有利的方向進展，他們滿意自己的生活，認為自己的人際關係普遍不錯（即便那些

關係中有些人並不快樂）。

如果你是這樣的人，相較於因控制別人而招致負面情緒的人，你反而得要付出更多努力去改變。你必須改變，但原因不是在於你為痛苦的情緒所困，或者是與其他人的關係明顯出了問題，而是因為你明白：支配他人的行為，在本質上就是一件不道德的事情。

即便可以僥倖得逞，即便可以經由控制他人來滿足自身利益，理性的人也不會想要去支配其他人。他們寧願自己讓步一些，也不願意做出損人利己的事情。在逐步發展理性能力的過程中，你的控制欲會越來越低，同時也會越來越不容易受到他人的操控。

理性的思辨者，不會總要別人「聽我的」

小心自己日常生活中有哪些支配他人的行為，同時也留意別人有沒有，有些人會用言語來發號施令、控制其他人。看穿人們表面上說的，和真正的意思有沒有什麼不同。研究你自己的行為，看看你在什麼時候、會想要控制什麼人。

想想看，你有沒有認識習慣支配其他人的人呢？當然，在某些情況下，有些人的確有必要受到控制、且控制者的舉動也是合理的，譬如一艘船的船長，或是年幼孩童的父母。但相反的是，「當老大」則是運用權力凌駕他人，以單純滿足他的利益，或是達到他的目的。

降低控制欲的處方箋

- 找出你在生活中的哪些方面，會不理性地想要去控制其他人。是在家裡嗎？還是工作上？是對你的另一半嗎？還是你的共事夥伴？
- 接著想一想結果面。你真的有「成功」達到目的嗎？那可以帶來多少成果呢？又會帶來多少失敗挫折呢？值得嗎？
- 注意人們會如何「合理化」支配他人的行為。注意他們所說的理由，看看裡頭有什麼確實的原因。觀察這些支配行為在不同的情況下，通常會產生什麼結果。
- 歷史上，法律、經濟和軍事面的支配都很常見，統治者也總認為那是正當且必要的做法。學習去察覺有哪些人或團體，會投入精力資源去控制其他人？注意，往往有人會用「自我防衛」，或「為了被支配者／團體的利益著想」等理由，來正當化支配的行為。
- 要了解的是，如果你找不出自己在生活中有任何不當控制他人的情形，那麼很可能是某種程度的自我欺騙，或者是你很容易屈服別人、放棄自己所追求的目標。請參考第十九課的「不要對他人言聽計從」，自我中心的支配和服從，本就是一體的兩面。

第19課　不要對他人言聽計從

「墨守成規是自由的牢籠，成長的大敵。」

——甘迺迪（John F. Kennedy），美國前總統

扮演服從者的角色，就是藉由默許其他人恣意支配，來交換對他們而言有重要利益的東西——例如安全感、被保護感，或是進步的機會。這些人用自己的自由，來換取達成上述（實際上或想像出來的）目標。

對別人言聽計從的人，深知什麼是無能為力（helplessness）的藝術。他們的人格特質通常包含卑躬屈膝或討好奉承，也經常處於劣勢、能力不足，並產生怨恨不滿的感覺。這些人會透過順從討好，而對「老大」產生一些間接影響。諷刺的是，聰明一點的順從者，有時候甚至可以「控制」能力不佳的老大。就像支配者一樣，服從者也可能成功達到目的，或是失敗收場。

人們往往是在某些時候會服從他人，在某些時候又可以支配他人。換句話說，他們會在不同狀況下轉變成不同角色。舉例來說，他們可能在工作上唯唯諾諾，在家裡則變身老大；又或者對另一半言聽計從，對子女則發號施令。

人生中的很多情境，都會上演著這種支配者／服從者不斷輪替的模式，並造成了很多負面的狀況。一個理性的思辨者，會懂得如何避免成為這兩種角色。他們知道，只要人生於世，就難免要扮演這兩種角色，但他們會極力去避免。他們很清楚，自己的想法會一而再、再而三地出現這種傾向，包括他們的行為也是。

在意見不同的狀況下贊成某項決定，並不盡然就是自我中心的服從行為。比方說，如果有個人比你更了解相關情形或議題，而你自己又無法去研究那些資訊，那麼，點頭贊成可能就是合理的舉動，即使你對那個情形所掌握到的僅有資訊，讓你有了不同意見。

無論是在任何情況下、在任何時候，你都必須做出決定，選擇你要從利己的角度出發去服從其他人，或者是理性地妥協讓步。人性思維中總是潛伏著一股自我欺騙的力量，支配和服從的自我中心思維，總會在某種程度上透過自我欺騙的偽裝掩飾，讓人們把它看成合乎邏輯的想法。

如果你想要在自己傾向服從的時候能夠自制，就請開始密切觀察你和其他人相處時，會有什麼樣的行為。你會很容易就人云亦云，卻沒有想過那個舉動是否合理嗎？你會在事後感到懊惱嗎？你覺得有其他人可以控制你嗎？唯有把你的服從性思維和行為，攤開來審慎思考，你才能夠加以控制，並做出改變。如果你有很強烈的服從特質，那麼請做好準備，跟它來一場辛苦的持久戰吧！

永遠聽從別人的意見，反而只會帶來不滿

服從的一大特徵就是墨守成規（conformity），這是很常見到的普遍現象。所以，請近距離觀察，你在墨守成規的時候，會有什麼樣的行為。

服從他人者，往往也很容易心懷怨懟。當你自己同意配合、卻又感到不滿的時候，請小心留意，在你違背自我意志低頭服從時，你有察覺到自己正在這麼做嗎？你會感到很無力嗎？又或者你的腦中淨是一些負面想法？或許你會開個玩笑或出言譏刺，也或許你會採取消極或攻擊性的舉動。

不要怪罪其他人試圖控制你，相反地，你要先了解，是你容許別人對你這麼做的嗎？接著再想出怎麼阻止自己繼續服從。也請留意其他人對你唯命是從的時候，你能不能判斷出對方的目的是什麼呢？這些服從行為有沒有讓他們達到什麼目的呢？

避免一味服從，讓自己更自由的做法

• 找出你往往會在哪些情境下，沒有理由地聽從他人的意思。或許在那些時候，你也很討厭自己淪為下風，但卻沒有把這份不滿表現出來。你沒有明確反抗，而是按照外界期待來說話，然而真實心意並非如此；在聽話順從後，又把自己的挫折感歸咎到他人身上。

• 想想看，你覺得自己在日常生活中，服從他人的頻率有多高呢？你為什麼要這麼做？這麼做可以得到什麼？你認為如果你暢所欲言，把真實想法說出來，會帶來什麼結果呢？還是可能會有什麼損失呢？

• 找出過去你曾經在哪些具體狀況下採取順從的做法。當時你曾感到不滿嗎？還是急躁不安？或是受到威脅？還是處於防備？

• 社會上有很多沒有被注意到的服從關係，而且大多數的人，在生活中的某些方面，都會有自我中心服從的行為。比方說，人們多半看不出自己會服從於同儕團體、不合理的文化規範禁忌，或是高社經地位的社會權威人士，儘管他們可能會讓人做出有損自身利益的事情。想清楚，做你自己、為你自己著想，然後掌握你的人生，是多麼重要的一件事情。

強調自己很自由，並不會真的讓你自由；你有多自由，是取決於你有多願意坦然承認，自己屈從於社會的規範、規則和意識形態。

- 服從者和支配者一樣，都有成功或不成功的例子。如果你會出於利己考量而去服從他人，那麼你在這方面做得有多「成功」呢？你會靠著服從來達到目的嗎？那麼你究竟得到了什麼呢？你又為此付出了什麼代價呢？在這種情況下，你會有多不坦白呢（無論是自欺或是欺人）？
- 找出你自己會低頭服從的時候，譬如在會議上，或是某段談話中，然後盡量在這個時候大膽暢所欲言、理性表達，精確說出你的想法，看看你能從中贏得多少自我意識。
- 從總體角度審視你的行為，判斷一下你的支配欲、服從性，或理性程度有多高。你在生活的哪些方面會比較想要主導支配，在哪些方面會比較傾向服從聽話，在哪些方面又會比較通情達理呢？而你又分別花了多少時間在支配、服從，或是講道理上呢？請開始密切觀察你自己，好進行自我掌控。當你做到這一點的時候，或許就能很驚喜地感受到，自己的內在有多麼正直健全了。

第20課　成為媒體無法洗腦的人

「所有的新聞記者都會憑著他們的本事來危言聳聽，這是他們讓自己引人關注的方式。」

——芮德爾勛爵（Lord Riddell），英國律師

每個社會和文化都有它們獨特的世界觀，人們會從這個世界觀去形成他們的視野、看待事物的方式，還有感知與信仰。世界各地的新聞媒體也會反映出它們本身文化的世界觀。確實如此，那些全國性新聞媒體的從業人員，本來就會和他們的讀者觀眾共享著同樣的看法，因為他們必須把同樣文化的人會想購買的內容，賣給他們。他們必須用一些能夠取悅、吸引觀眾的方式來包裝新聞，以便提高獲利。

在《關於新聞的新聞》（*The News About the News*）這本書中，作者唐尼（Leonard Downie）和凱瑟（Robert G. Kaiser）對這個問題就是這樣說的：

「全國性電視網縮編報導團隊、裁撤駐外單位，以便削減經營者的成本。他

們試圖用生活風格、名人娛樂專題，來降低那些成本高昂的新聞報導，也會用司法、犯罪和腥羶色的報導，來填塞那些低預算、高利潤的黃金時段談話節目。」

任何一種文化內的主流新聞報導，常常都是不自覺地依循下列這些準則來運作：

「這是從我們的角度所看到的情形；所以，這件事情就是這樣。」

「這些現象可以支持我們對這件事情的看法；所以，這就是最重要的部分。」

「這些國家對我們很友善；所以，我們應該讚揚這些國家。」

「這些國家對我們很不友善；所以，我們應該抨擊這些國家。」

「這些新聞最能造成讀者觀眾的關注或轟動；所以，這些新聞就是最重要的新聞。」

然而，世界各地的真實狀況，遠比任一文化中的人所看到的真相，還要更加複雜得多。如果你無法認知到本國新聞的偏差；如果你無法察覺到意識形態、偏見和個別詮釋的存在；如果你置身在某種宣傳言論中卻不自知，那麼你就無法合乎理性地判斷出，哪些媒體訊息應該要加以補充、平衡，或者是完全摒棄不談。要想當個新聞媒體的批判性讀者，建立分析媒體的技巧，上述這些見解看法便是關鍵要點。

當媒體日益膚淺，你需要變得更有深度

對日常生活中的新聞媒體產物，必須審慎以對。小心研究新聞報紙，注意報紙會怎麼去正面呈現某個國家的「朋友」，並且負面呈現該國的「敵人」。注意對比那些不怎麼重要的頭版新聞，和塞在內版的重要新聞。注意報紙如何忽視、或簡單處理那些重大的世界問題，卻特別強調腥羶色的新聞。

想像一下，如果是你的話，會怎麼改寫這些新聞報導，以求能拓展角度，或更公平地陳述議題呢？把批判性閱讀新聞當成一個習慣，不要只是偶一為之。注意電視新聞節目會如何過度簡化一個複雜的問題，如何鎖定每一個可以煽情炒作的議題，並花費極大資源與版面處理那些能夠造成轟動的新聞（而非聚焦於有重要性或有深度的新聞）。注意它們通常是怎麼經由性與犯罪行為等訴求，創造及豢養出整個社會的歇斯底里。

洞察新聞媒體的策略

- 研究不同的角度和世界觀，學習從多重角度來解讀事情。
- 試著透過多樣來源的想法和資訊，來理解與深入觀察，而非只是

仰賴大眾媒體。

- 學習如何辨別新聞裡所植入的觀點。
- 認知到不同的角度觀點，會對新聞的故事有什麼不同說法後，在心裡重新改寫、重新建構這些新聞。
- 把新聞看作是陳述事實的一種方式，它混和了部分的事實和部分的詮釋。
- 評估新聞故事的明確性、正確性、相關性、深度、廣度和重要性。
- 注意新聞內容的矛盾不一之處，這種狀況常常在同一則新聞裡頭就會發生。
- 注意新聞是為了什麼議題和利益所服務。
- 注意新聞中所報導和所忽視的真相。
- 注意某些實際上應該有待討論，但卻被呈現為事實真相的事情。
- 注意新聞故事中隱含的預設前提。
- 注意那些暗中透露、但卻沒有公開明言的部分。
- 注意有哪些隱含之意被忽視了，哪些又被凸顯出來了。
- 注意哪些觀點可以有系統地被正面呈現，哪些觀點則會遭到邊緣化的對待。

・透過質疑的角度，審視那些流於戲劇化和腥羶色的新聞，並在心中加以改正。

・注意新聞是否會不適當地用一些社會禁忌和規範，把某些議題和問題，界定成不道德的事情。

第21課 謹慎接收網路、電視、廣告、電影來的消息

「既然在家就能看免費的爛電視節目，又何必花錢上電影院看爛片？」

——戈德溫（Sameul Goldwyn），美國電影製作人

主流電視節目、電影、廣告及網路訊息等各種媒介，幾乎是鋪天蓋地，強力放送著種種團體規範。不過電視播出的內容，大多膚淺缺乏深度，大部分電視節目的訴求是吸引和娛樂觀眾，而非激勵甚或訓練觀眾思考。我們每天被侮辱我們智商的訊息所轟炸，這些資訊往往（蓄意或潛意識地）操縱及左右我們的心靈。

絕大多數的電視節目、電影和廣告，為引起我們的注意，不是以過分簡化的情感邏輯迎合觀眾，就是撩撥觀眾的原始欲望，讓他們獲取性滿足及復仇的快感。若說一個人不會受到電影或電視節目的影響，這個說法恐怕流於天真和自欺欺人。

此外，不少人每天會耗上幾個小時上網看影片或瀏覽網站，而你從網路世界接收的想法，也會影響你的人格本質。有些網上資訊值得花時間一看，但也有些

資訊不但錯得離譜，有誤導之嫌，嚴格來說還很危險。

別忘了，瘋狂偏執的人或團體，都可以藉由網路施展莫大的影響力，多半是利用社群網站，甚至透過網路吸收追隨者。

你在螢幕上看到的一切，不見得有人為你把關

留意你目前看電視、電影和上網的習慣，留意你花了多少時間看電視，想想看大部分電視節目鎖定的是什麼程度的觀眾，問問自己如果少花點時間在電視機前，會有什麼成就。問問自己把時間花在看電視上能有什麼收穫，並留意你常選擇哪一類節目收看。

想清楚你收看的內容有何含義，你經常接收到的是何種訊息。要開始留心電視及電影上傳遞的國族主義或民族優越感，什麼文化規範會獲得大肆宣揚？哪些禁忌不被鼓勵？什麼樣的行為聳人聽聞？多少節目或影片參雜暴力？而這類節目或影片你又看了多少？

還要密切注意你周圍無所不在的廣告，是用什麼方式向你這個潛在買家大力推銷商品。思考一下，廣告商會針對消費者做出何種訴求？要保證自己不會因為看了廣告就衝動購物，除非你能超然獨立地事先做好評估。要認清廣告的真相，

至少讀一篇或一本關於廣告如何影響大眾的文章或書籍。你在研究網站和網頁時，要確認這裡的資訊來源可不可靠？那個網站的宗旨是什麼？它成立的背後目的是？該網站的資訊是否失真，或偏頗地只提供片面觀點討論議題？你需要什麼資訊來平衡這類既定看法？

如何避免劣質節目或網路資訊侵蝕自我

- 留意暴力色彩濃厚的電視節目。有些「壞蛋」施暴傷害「好人」，或「好人」以暴制暴，用激烈手段報復「壞蛋」，你認為電視充斥暴力內容會帶來哪些影響？
- 你會注意到，大眾媒體很少描摹一個理性的人做出理性的事，促進這個世界更加理性。好比一段親密關係中出現瘋狂舉動，常被媒體描寫成人之常情（「我對你又愛又恨！」「我恨你是因為我愛你！」「要是你不愛我，我就殺了你！」）
- 改看其他會對現狀提出質疑的電視頻道。
- 記錄你花多少時間在看電視上，你如何更有效地運用時間？你會藉由閱讀開拓心智嗎？你讀到任何質疑現狀的訊息嗎？

‧看電影要慎選，不妨考慮選看寫實且洞察人心的獨立製片或外國片，就是別看膚淺的好萊塢電影。

‧記錄你每天花多少時間流連網路世界，檢視你在網站上看到的訊息是好是壞，想想你常上的網站對你的影響有多大。

‧觀察你的購物習慣。你有多常購買猛打廣告的商品？這個商品針對你做了什麼訴求？

‧留意產品廣告中使用的性暗示畫面，問問自己：如果我購買使用這個產品，真的會讓我更性感嗎？

‧去租《麥胖報告》（*Super Size Me*）這部紀錄片來看，把你透過這部片子認識到的麥當勞食品，與大量麥當勞廣告傳遞給你的訊息兩相比較一下。針對你在媒體上看到的食品廣告進行批判思考，找出這些廣告刻意省略不提的資訊（像是食品內容物、把這些食物吃下肚對健康的影響等等）。

第22課　不要輕易被政客唬住

「想當化學家得研究化學；想當律師或醫生得研究法律或醫學；但想當政客的話，你只須研究自身利益就好。」

——奧雷爾（Max O'Rell），法國新聞記者

許多政客老想讓我們相信，他們非常關心大眾福祉，怎麼樣對大眾最好他們就怎麼做，但說穿了，這些政客只是把自己包裝成良心政治家，所以別相信他們。

美國總統詹森（Lyndon Johnson）就說過：「金錢是政治的母奶。」如果你能領悟到字裡行間的言外之意，就會很容易了解到，政治圈的所作所為，通常是基於金錢利益，而非關心公眾利益，甚至會不惜代價維護鉅額利益。

請思考以下這個新聞案例[13]：

13 加州聖塔羅沙《民主報》（*The Press Democrat*）二〇〇四年一月十六日報導，標題為〈白宮要求世衛更改打擊肥胖計畫〉（The White House to Demand WHO Obesity Plan Changes）。

「布希政府周四宣布，擬要求世界衛生組織（WHO）大幅修改其倡議的打擊肥胖計畫，指責該計畫的科學論據有誤，而且踰越此聯合國機構的權限……這項計畫制定出策略，供世界各國用以對抗肥胖問題，廣為公共衛生倡導人士所讚揚，卻遭某些食品製造商和製糖業者激烈反對。」

不用說也知道，食品製造業與製糖業的既得利益，在於規避肥胖問題，因為他們正是導致肥胖的元凶。許多諸如此類的例子顯示，大企業操控著政策走向，甚至不惜犧牲公眾健康，當然這只是眾多政治決策受金錢利益影響的例子之一罷了。政客擔心若不照著幕後金主的期望去做，就會斷了金援，不利競選連任（他們一定要當選才會有權有勢）。

鏗鏘有力的口號、醒目吸睛的標語、浮誇炫目的形象及對群眾誇誇其談，向來是政治圈操縱社會大眾慣用的手法。不過還是有少數例外——這些人參選從不接受鉅額金援，不被重金收買，但他們通常只有落選的份。

具思辨能力的人不會被油腔滑調的政客左右，他們能夠洞悉政治如何運作。請檢視自己對政治人物的看法，看看你有多輕易相信政客說的甜言蜜語？你會經常比較政客的言行是否一致嗎？

拆解競選語言的糖衣，不輕易受到操弄

想想政客和政治家的區別。所謂政客，多半是為了增進既得利益而追求權力；而政治家則會真正替社會大眾謀福利，他們甘冒大不韙提出逆耳忠告，勇於對抗權勢團體和既得利益者。

留意政客那些令人不敢苟同的論述，仔細琢磨他們冠冕堂皇的言論下，包藏了哪些真正意圖，判別哪些是他們的既得利益。注意政客的行為是否經常看似為了國家或人民福祉著想，實則在鞏固自己的利益。政客到底想讓你相信什麼，他們的背後動機為何？他們是怎麼過度簡化問題來操縱群眾，又是如何顛倒是非，把悖離實情之事堅稱是「真相」，偏偏民眾又願意吃這一套？

看穿政客伎倆的思考方式

- 仔細聽聽政客怎麼說，認清他們是用什麼手段把選民玩弄於股掌之間，例如用言語強化某些刻板印象，或煽動不必要的恐慌。時時不忘這麼問：「政客的大金主能在這裡撈到什麼好處？」或反過來問：「哪些事情才真正符合公眾利益？」注意那些政客有多麼吝於替大眾的利益

著想。

- 留心政客是不是經常依附主流信念及文化中盛行的意識形態，換言之，注意他們有多欠缺理智自主。
- 謹記政客有哪些既得利益可言，如此一來他們的一舉一動都逃不過你的法眼。
- 研究政治史，廣泛涉獵閱讀相關史料，以確認過去政治人物的行為模式，是否在這幾年重演，其中又有哪些盛行至今？
- 留意政客的想法是否始終難脫膚淺和過於簡化，即使他們的口號喊得再響亮，卻還是少了細節和深度？

第23課　怨懟，無法讓你成為更好的人

「人類靈魂只有在放棄復仇，勇於寬恕別人給的傷害時，才會顯得如此堅強而高貴。」

——恰平（E. H. Chapin），美國傳教士

有些人會花很多時間挑剔和指責別人，若是因對方有缺失而責怪很正常，但要人為他們的行為負起全部責任，那就違反常情了。

舉例來說，夫妻互指對方不是可謂家常便飯（「是你的錯！」「是你先開始的！」），這全是因為夫妻把彼此的付出視為理所當然。也有人常怪罪父母的行為很不理性，所以一般人的童年多多少少都會心靈受創。父母都會犯錯，只是有時候做得太過火，以致在孩子心裡留下情感傷疤。

身為一個想不斷精進思辨能力的人，對於你現在和未來是什麼樣的人，都要自行負責，認清自己背負的情感包袱，設法擺脫它。活在悲傷裡，怨怪你的父母，把自己看成受害者，只會讓你沮喪和忿忿不平。其實你有選擇的餘地，為自己的想法（還有你的情緒及欲望）負責，你就能成為你理想中的那種人，開創自己的

人生，把心力專注在更有意義的事情上，不再隨便譴責或怪罪。

把責任推給別人最快，但也等於推掉成長的機會

注意你是否常常數落別人，也要注意別人是如何指責你。老愛責怪他人的背後原因是什麼？你會在別人指著你鼻子罵之前先聲奪人嗎？那個問題有嚴重到構成你罵人的理由嗎？

此外，你目前所處的關係是否暗潮洶湧，以致出現非理性的指責？倘若你常常為了雞毛蒜皮的小事責備另一半，盡可能在每次這麼做時都有這份自覺。倘若你因為個人的情感創傷而對父母心生怨懟，問問自己這麼做能得到什麼。就算你認為父母帶給你情感「創傷」，也請把力氣放在如何讓它們過去。

過去的已經過去，你要面對的是現在與未來。每當發覺你因個人的失敗而遷怒別人時，就要提醒自己，你現在的所作所為，會注定自己成為什麼樣的人。要活在當下，讓自己脫胎換骨，只有你才會阻礙自己的人生，只有你才能停止過著怨天尤人的生活。

「不是你消磨人生，就是人生消磨你」，這句夏威夷古諺隱含的智慧，或許能帶給你啟發，兩種可能性你想要哪一種，全看你的決定。

對自己負責，不對他人指責的思維指南

・如果你習慣為了枝微末節的瑣事而責怪你的親密伴侶，問問自己原因何在。是什麼導致你一再否定對方？你們的親密關係出了問題嗎？你們彼此是不是漸行漸遠？你們的關係走到這個地步是否已水火不容？請面對真正發生的狀況，面對事實永遠是上上之策。

・找出明明不是別人有錯，而是自己做出某件事，卻反倒惡人先告狀地指責對方的時候。仔細回想你當時到底是什麼心態。

・如果你真的認為有責怪你父母的重大理由，而他們又對你的情緒造成什麼傷害，就把它一字不漏地寫下來。你要能明確區分事實與信念，因為信念會產生自我應驗預言（self-fulfilling prophecy），也就是當你相信自己受到了傷害，就會真的導致傷害。舉例來說，若你深信是父母破壞你追求高等教育的機會，你可能真的就會無法實現升學夢，藉此報復父母。

・把你對父母的種種怨言列成清單後仔細研讀，再問問自己耽溺在這些負面回憶時，你希望從中得到什麼。長大成人的你，有必要繼續活在過去，讓自己仍像小孩一樣無力掌控局勢嗎？你一直被不愉快的回憶

牽著鼻子走嗎？何不把精力放在你可以掌控且能力所及的事，給自己重生的機會呢？

・把你平常花在數落人的時間和力氣，用來追求人生成就，這有助你將怨懟轉化成正面情緒。你不妨這麼想：你可以從父母犯的錯誤學到什麼教訓？該怎麼做你才能有別於父母那一代，比他們更開明正直，更具有包容力？要怎麼做你才能替自己的決定與行為負責？

・把父母為你做的犧牲、替你張羅打點的日常瑣事，全都列出來，然後捫心自問，你有沒有因為父母這些奉獻給他們足夠的肯定。很多父母縱使有錯，應該得到的肯定卻還是比子女所認為的多。在探視父母或與他們通電話時，千萬不要翻舊帳。如有必要，把父母看成是你相識不久的朋友，別再拿過去論斷他們。如果你的父母還是持續做出傷害你的事，也許你真的需要和他們保持距離，或不再和他們有生活上的交集，但無論你採取哪一種做法，都要保持正面心態。

・把親密伴侶對你的種種照顧和付出通通列出來。請承諾理性地處理問題，而不是相互指責。再次提醒，如果伴侶對你吹毛求疵，時常拿芝麻綠豆的小錯責怪你，你就得好好思考這樣的關係對你是否有益。

第24課　給別人一點寬容

「我們總期盼上帝悲憫蒼生，卻不見自己悲天憫人。」

——艾略特（George Eliot），英國作家

很多人都會這麼想——要是別人的想法和我們一致，這個世界會更美好。別忘了人生來就自以為是，總認為自己的想法是對的，一旦有人的行為觀念和我們天差地遠，我們就難以忍受，老想看那些與眾不同的人受到懲罰（但我們當然不會大方承認）。

好比在美國，只因無法忍受他人的生活方式而將其行為入罪，這種情況已經越來越普遍。以性工作為例，許多人一提到就反感，認為這是荒唐墮落的行為，因此他們希望性工作者為其可惡行徑受到處罰。

對於犯罪，我們可以有另一種思考

同樣地，很多人一聽到有人大談使用消遣性毒品就大皺眉頭，認為這群沉溺

毒品的人，會對社會構成威脅，要把吸毒者囚禁起來才能伸張正義；即便他們本身會喝酒、抽菸或服用影響神智的處方藥物，即便美國的平均服刑人數居全球之冠，他們也毫不在意。把人關進監獄永遠也不放出來是他們的方法，毫不留情是他們的格言，讓人受苦是他們的呼聲——憐憫、寬容和諒解，在此變得奇貨可居。雖然大部分的人都會關愛自己的親朋好友，但對於那些思想行為與自己大相逕庭的人，卻往往吝於展現同情和包容。

對他人展現仁慈、諒解、包容和寬恕，想像這是一個溫情滿人間的世界。留意周遭的人是不是認為行為偏差的人，就理應受到懲罰和吃點苦頭，而你本人是否也有同感。

拓寬心胸的自我提問

• 每當你認為某人該為他或她的行為受到懲罰時，先停下來問問自己，是否採取別的做法會更理想。很多案例不就告訴我們，與其將吸毒者監禁，把他們送去勒戒豈不更好？

• 每當你認為自己絕對沒錯，還一口咬定他人的行為太不像話，那就問問自己：「我有什麼理由抱持這種想法？我如何確定自己沒錯？我有可能會出錯嗎？我是否不夠寬大為懷？」

・仔細觀察自己在什麼情況下，最欠缺慈悲、寬恕、諒解的心。什麼情況下，你認為這些人活該受罰，而不該幫他們一把？你做出此種結論的論據是什麼？

・想想社會環境是否會影響你由多重角度看事情的能力。你身處的文化是鼓勵你施予寬恕與仁慈，還是勸你不要這麼做？你身處的文化是否鼓勵你報復、譴責、處罰「壞人」？而你是否不加批判，就認同文化所鼓吹的那些看似正義卻無情的觀點？

第25課　縮短陷入憂慮的時間

「憂慮是麻煩到期前支付的利息。」

——英巨（W. R. Inge），英國哲學家

很多人一遇到問題就愁眉不展，卻不去主動設法解決問題，有時對於那些無計可施的難題，他們還特別執著。這時不妨想想鵝媽媽童謠（Mother Goose）中蘊藏的智慧：

世界上每個問題，
有解答也或許沒有。
如果有，就尋找到發現為止，
如果沒有，就算了吧。

不過，顯然沒什麼人會聽從這個英明的建議。

當你面臨問題時，絞盡腦汁想想能不能找到解答，敞開心胸接受各種可能

性；如果你確定對問題束手無策，就放手別管了吧。為了你無法掌控的事而發愁，搞得心神不寧，只是徒然讓自己痛苦而且無濟於事。要知道光是坐困愁城，而沒有主動出擊尋找解套辦法，你的意志只會越來越消沉。

把你內心百轉千迴的想法化為行動，在幾個符合實際的選項中找出最佳解決之道，然後傾全力實踐。要是情勢的艱困讓你束手無策，索性就隨它去吧，船到橋頭自然直，倒不如轉而把心思放在其他更有益的事情上。

擔心是最耗費時間的事

你只是擔心問題，而沒有採取行動解決問題嗎？注意你是否儘管內心焦慮不安，外表仍故作鎮靜。留意你憂慮問題時所感受到的負面情緒，留心他人遇到問題時是否明明可以有所作為，卻顯得毫無動靜，徒然把精力浪費在擔心問題上。

當你為了眼前的問題陷入愁雲慘霧時，鵝媽媽童謠的智慧正好派得上用場——要解決問題，坐而言不如起而行（只要你有辦法的話）；如果毫無對策的話，就撒手別管了吧。

杞人憂天從來不會增進你的生活品質，反而會一點一滴損耗它。

戒掉憂慮習慣的策略

・每當你一遇到棘手難以處理的問題，問問自己：我遇到的究竟是什麼樣的問題？我有哪些解決腹案？有我能掌握的解套辦法嗎？我是不是已經黔驢技窮，無計可施了？所有可用的辦法我都想過了嗎？如果這個難題我無力解決，所有確實可行的辦法都用盡的話，我會把問題拋諸腦後嗎？還是我依然無法釋懷？倘若如此，為什麼？

・把所有你煩心的問題列出來，然後再一一照上述步驟自我檢視一番。

・把你曾經憂心的問題全都列出來，而這些讓你茶飯不思的煩惱，最後的結局是什麼？憂慮能幫你解決問題嗎？你寢食難安的下場又是什麼？這些問題中有哪些經你深思熟慮後獲得解決？

・盡可能積極主動地解決問題。當面臨惱人困境時，別因過分憂心和鑽牛角尖而把自己弄得元氣大傷，一有機會就採取行動，設法度過難關。把你的精力用在刀口上，令其發揮最大效益，而不是白白消耗精力，盡做些徒勞無功的事。

・假設一下：如果你明明已經想破頭思考應付問題的辦法，奈何還是束手無策，請留意自己是不是開始坐立難安？倘若真的到了這個地步，你可以重新思考你身處的困境，看看有無幫助解決問題的蛛絲馬跡被你遺漏，盡量把它們找出來，然後心無旁騖地付諸行動。當個勇敢的實踐者，不要做自尋煩惱的人。

第26課 成為世界的一份子，而不是只關心自己國家

「若說愛國主義是『無賴惡棍最後的庇護所』，那不僅是因為他們假愛國之名為惡，也是因為愛國狂熱足以全然抹滅道德界線。」

——裴瑞（Ralph Barton Perry），美國哲學家

大多數國家的人民，都會在社會化過程中被教導要以促進國家利益為己任——簡而言之，就是成為「民族主義者」：「我們是最優秀的，我們是世界第一等，我們代表正義、真理和自由。有國家不認同我們，錯在他們；激烈反對我們的國家，就是我們的敵人。縱使我們偶爾有錯，也是出於一片善意。抵制本國者多半動機荒謬，甚至心懷鬼胎，他們根本是妒忌我們！」

這類儼然已成文化核心的病態思考方式，可稱之為「民族優越感」（ethnocentrism）或「社群中心主義」（sociocentrism），不僅普及於世，而且毫無疑問地具有破壞性。

社會學家薩姆納（W. G. Sumner）在《風俗論》（*Folkways*）一書中，曾對

民族優越感提出以下質疑：

「無論哪一族群團體皆要求其每一份子，應協力維護民族利益，這種集體影響力一經發揮，也強化人人致力鞏固民族利益的義務，結果任何看法都被摒除在外，所有批評都遭消音噤聲……。這種充斥愛國激情的偏見，被公認是思想見解的扭曲，我們的教育應該教我們不受這些偏見左右。」

若想創造一個公平正義的世界，我們就得先成為世界的公民，揚棄國族主義與民族優越感[14]。我們必須從全球而非國家的角度思考，而且眼光要放長遠一點。從現在起，我們不能再獨尊特定國家的利益，包括我們自己國家在內，我們和世界其他國家一樣，既不特別尊貴，也不特別匱乏，更沒有理由霸占地球資源。

我們必須一視同仁，認同其他國家人民的性命和我國人民一樣寶貴。我們不贊同追求狹隘的私利或群體利益，比起國家民族的優勢與權力，我們應該更重視廉正與公義。

14 依《韋氏新世界辭典》（*Webster's New World Dictionary*）的定義，國族主義是以激進非理性且又浮誇的方式，效忠個人的國家或文化；是極端、狹隘、沙文主義式的愛國主義。

相信自己國家的好，同時留意其他國家的好

人類的存續和福祉，端看我們能否順利有效地通力合作，向彼此伸出援手、互相幫忙。然而國族主義和種族中心主義的問題舉世皆有，世人多被教養成具有民族優越感，深信自己的國家比其他國家還優秀，偏袒自己所屬的族群團體。會這麼想也是人之常情，儘管不該一竿子打翻一船人，但大部分文化確實都鼓勵這種傾向。你只要稍稍做一番研究（例如瀏覽報紙，收看新聞，閱讀和自己國家相關的歷史書籍），就不難發現大家談到自己的國家時盡是驕傲，將之吹捧成全世界首屈一指。你也會注意到他們是如何美化自己的國家，以堂皇的民族口號來粉飾祖國的種種動機。

請特別留意國營媒體是怎麼塑造國家形象，回想一下學校教了什麼國家概念給你，思考你們國家的歷史，有哪些部分遭到忽略和扭曲，想想你們政府闡述的外交政策，雖聲稱關心其他國家的福祉，但背地裡真正的動機常是為了維護自己的國家形象，或遂行自私的目的。

讓視野跟世界一樣大的訓練

- 質疑每個政府的動機和措施，認清所有國家的政治人物都是一個德行，明辨所有國家的新聞媒體都有一共通點，就是替既得利益團體服務。別被情感訴求打動或蒙蔽，讓你的任何決定都是基於普世價值，而非出自國家利益。還要支持秉著利他精神的國際組織茁壯發展。
- 想像自己是一個世界公民，將世界需求置於國家需求之前，從全球及歷史角度來研究問題。留意世界各國是如何被階級化——「遊戲規則」偏袒少數有錢有勢的階級，大多數人則遭這群少數份子壓迫。
- 注意當你學著用全球性觀點思考，你的見識是否大有長進。
- 盡你所能從國際上的多元管道，探討諸如全球暖化、營養不良、疾病及人口過剩等世界性議題，將你們國家的因應之道和其他國家兩相比較，你對探討的結果是否大感訝異？

第27課　微善行，也可以讓世界更好

「你會發現，只要下決心做有用的人，誠摯幫助他人，就是最迅速且最得當的自我提升方式。」

——魯斯金（John Ruskin），英國藝術評論家

你只須環顧四周，世界上發生什麼問題便一目了然，而這些問題大多出自人為。批判思考的目的正是提升我們的思考和應變能力，以便從容應付私生活及人際關係中遇到的難題，因此只要你自詡為懂得批判性思考的人，就要有讓整個世界更好的企圖心。

當你進行批判性思考的同時，也微微透露出你如何對待和理解他人，你可以透過多種方式，促使這個世界更公正理性。從道德觀點來看，對於那些徬徨無助的人，我們每個人都非得幫他們一把不可。我們人人都被賦予道德使命，竭盡所能替那些受苦受難的萬物蒼生，改善生命品質。

即使你什麼都沒有，還是可以為世界做點什麼

留意有哪些讓世界變得更好的機會。將你目前做了哪些有益他人的事，通通列舉出來，同時也注意周遭其他人對於這個世界有什麼貢獻：他們是否做了哪些事，促使世界更公平正義呢？

此外，也將你對這個世界還能做什麼額外貢獻，一一列出來，想想你要怎麼將新的貢獻計畫，安插在你的行事曆或日常生活中。倘若你實在撥不出時間好好做公益，不妨考慮多捐一些錢——但還是要多少做些什麼比較好。

促進世界更公平正義的策略

- 慎選一個以促進世界更美好為宗旨的組織加入。很多團體的成立目的，是為了爭取世界的公平正義，為了改善人類生存環境及減少人類苦難而奮鬥。小至地方性，大至全國性乃至國際性的公益組織，你都可以選擇參與，即便只是捐款也好。
- 想想你的活動範圍和影響所及之處，運用影響力去幫助別人。舉例來說，你能幫助同事做什麼嗎？對於同住一個屋簷下的家人，你又能

幫忙到什麼地步？致力創造出人與人互相扶持的環境。留心你為他人付出多少，又有多少是為了一己之私而去爭取的。

- 發掘自己的長處，然後盡你所能，善用這些長處來貢獻社會。假如你文采出眾，何不向報紙投書？要是你有其他特殊長才，也要盡情發揮，讓這個世界更美好。每一分貢獻儘管微小，卻都有不可抹滅的價值。
- 特別重要的是，要以批判性的態度，博覽並深入探討世界性議題的書籍著作。或許你會驚訝地發現，全世界爆發了這麼多問題，全歸咎於貪婪自私的那些人，為了維護既得利益，想支配全球資源。
- 致力改善其他生物的生活，留意人類是如何為了滿足自身利益而剝削動物。調查一下在你的文化中，牛隻等牲畜遭到人類以何種方式對待？好好研究這些動物目前的生存條件。在你著手進行這些事時要睜大眼睛，依事實真相來詮釋和推論，而非只呈現自己願意相信的那一面。

第28課　讓思辨能力逐漸進步

「人生就像在大庭廣眾下拉小提琴，一邊演奏，一邊增進琴藝。」

——巴特勒（Samuel Butler），英國作家

有的人會這樣看待批判性思考：你要嘛就是批判性思考的人，要嘛就不是。然而這種觀點會讓人誤解。要記住，我們每個人或多或少都具備思辨能力，但也都無法永遠保持在批判性思考的狀態。思考品質是連續漸進的，我們會在生活的某些方面特別靈光，但在某些方面就摸不著頭緒；我們的想法時而批判，時而盲從。你的目標應該是以和緩穩定的步伐，漸進提升。你越是正視自己的思考，就越能加大且加快思考進化的腳步。

我們可以把思考的進化看成不同階段，站在有利的制高點，能使我們尋得引領前進的標竿，找到更上層樓的階梯。下頁的圖示可讓我們一覽批判性思考演進的各個階段。

在第一階段，思考者常粗心大意到沒察覺他們的想法需要指引，他們雖會經過思考才行動，卻意識不到自己的想法可能引發問題。他們渾然不覺自己的思考

常常出差錯，所以需要其他方法介入輔助。大部分的人似乎窮其一生，思考都容易流於輕率。

・批判性思考的發展進程・

造詣高深的思考者
（理智技巧與理智美德成為我們的第二天性）

先進開明的思考者
（我們終身力行思辨，且開始將理智美德內化）

力行實踐的思考者
（我們養成習慣並隨之提升）

起步前進的思考者
（我們試著改善但尚未養成習慣）

接受考驗的思考者
（我們面對並正視思考上的重大問題）

粗心大意的思考者
（我們渾然不覺自己的思考存在重大問題）

一般人進階到第二級，也就是接受考驗的思考階段，他們總算對批判性思考有點實質概念，或者開始正視這個令人不安的念頭——亦即他們的思考可能出現了問題。在這個階段，大家開始敞開心胸，接受有更理想生活方式的可能性，只是對於如何跨出第一步仍然茫無頭緒。

當我們晉級到第三階段，開始起步朝批判性思考邁進，此時的我們接受挑戰，開誠佈公地檢視我們思考上的問題，卻仍嫌不夠完善，因為在此階段，我們的心智欠缺鍛鍊，所以思考會有多大進展並不容易預料。我們正著手將一些重要的批判性思考觀念和原則內化，然而對於這些觀念原則的了解只能算是菜鳥級，認識還很粗淺。此時我們體認到，要開發思辨能力，依然有很長的路要走。

一般人進階到實踐批判性思考的階段後，就會擬定計畫並且貫徹執行，例如閱讀本書，實際運用書中的概念一段時間。在此階段，人們開始從日常生活中感受到思辨訓練的實質回饋，不會因他人三兩句話就受到影響，也無需靠他人的認可來肯定自己，更不會意圖操控別人。他們會有系統地研究自己思考的病徵，而後逐漸培養成良好的思考習慣。

先進開明及造詣高深的思考者畢竟仍屬少數，因為得花多年時間培養才能達到這種境界[15]。進階到此階段的人，掌控決策及生活的方式，不是低階思考者所能想像，他們能實現自我，並在生活各個層面體現理智美德（intellectual virtues）。

思辨應該擴及生活的每個層面，才能讓生活更好

要知道我們天生就有自欺欺人的傾向，這個總是潛藏在人類內心的念頭，隨時會阻礙你成為好的思考者。即便思考能力進階升級的人，還是經常會自我蒙蔽，不過只要能夠加強思考訓練，平常致力於自我檢視，這種與生俱來的問題就難以阻礙你的生活。我們從數萬個研究案例發現，不少人就算達到力行實踐的階段後，卻又故態復萌，在生活很多方面重拾輕率的思考。

一般人多不認為批判性思考和生活各個層面都息息相關，只是選擇性地在部分領域應用。舉例來說，你或許在自己的專業領域很擅長運用批判性思考，但一

15 欲知更多批判性思考各階段發展的詳情，請參閱保羅（Richard Paul）與艾爾德（Linda Elder）所著的《思考的力量》（*Critical Thinking: Tools for Taking Charge of Your Professional and Personal Life*）。本書目前尚無繁體中文版，可參閱上海人民出版社出版的簡體中文版。

碰上親密關係等私人問題，思辨能力就無用武之地。所謂批判性思考發展進程，指的就是我們如何將思辨習慣逐步擴及到生活大大小小的層面，而非侷限於單一或部分領域而已。

你的目標應是盡可能將你的思辨能力，層層修練到最高境界。從今日起，問問自己這幾個階段中，哪一個階段最能代表你此時此刻的思考狀態？你還是覺察不出自己的思考盲點，但至少開始意識到自身思考出現問題了嗎？你已嘗試提升批判思考能力，將若干思辨的概念內化，並有效運用了嗎？你已養成批判性思考習慣，並持續有系統、有計畫地發展思辨能力嗎？

讓思考更進一步的策略

- 正視提升思考這件事，盡力了解各階段的重點任務，每天一步一腳印地向前推進。擬定計畫，從入門者進展到實踐思考者的階段。
- 了解理智謙遜（intellectual humility），在你平日發展批判性思考時扮演重要的角色。要是不懂得虛懷若谷，以為自己知道的夠多、思維也沒有什麼大問題，這麼一來，就很難培養出更好的思考能力。
- 每當你確認自己達成了目標，進階為批判性思考者後，不妨自降一級，退回到先前的階段。理智傲慢（intellectual arrogance）是批判性思考的大敵，就算你有心對抗它，它還是可能神不知鬼不覺地阻撓你的成長。

- 實踐批判性思考的計畫不該僵化定型，而是要隨著你的心性養成而進行修改。
- 如果你打算長期發展思辨能力，想想如何善用本書。請謹記，我們建議你每天聚焦一個觀念，現在你應能了解原因何在。書中傳達的觀念有多少你已深植內心？你每天實際運用的又有多少？倘若每個觀念你都花比過去更多的心思去了解，你的人生將如何改觀？

第29課 教育自己，而不只是去學校上課

「無論從何解釋，人都只有在受教育後，才稱得上是人。」

——曼恩（H. Mann），美國教育改革家

儘管很多人受了大學和研究所的多年教育，但真正達到教育極致境界的人卻屈指可數。為什麼會這樣呢？因為大多數人都不曾學習過，怎麼去學習種種重要觀念。他們並非終身學習的人，而是在發展成一套信念系統後，就一輩子都固守這套想法。他們的視野狹隘，心胸格局也不夠開闊。其實某種程度而言，他們並非疏於追求自我成長，只不過是側重偏狹的技術層面（例如只學習對事業有幫助的技能，或培養某嗜好所需的技巧），但關於自我教育必備的理智技巧和特質，卻是付之闕如。

一八五二年，紐曼（John Henry Newman）發表了一系列關於教育的演講，講稿隨後集結出版為《大學的理想》（*The Idea of a University*）這本著作，書中他闡述設計完善的教育制度對學習者心智的影響：

「理智的訓練，就是將其影響力發揮到淋漓盡致，去認識、思考已知的事物，運用靈活的推理思考，對眾多事實和事件起到潛移默化的作用。這樣的理智，不會偏頗、不會排它、不會輕率魯莽、更不會迷失自我。它必然有耐性、泰然自若和冷靜自持，因為它從事情的開端就能預見結果，清楚自己的立場，也知道自己該何去何從。」

我們在本書中，已介紹過很多理智技巧和特質，也揭示了該從哪幾個地方入手。你想深入學習的話，就必須採取積極的做法，要知道活到老學到老，不是在求學階段才有受教育的機會。當然，實踐終身教育唯有透過身體力行，你得了解終身學習的方法，同時願意投入參與。

持續進修的重點不是技能，而是理性的提升

將心智培養置於個人價值觀的中心。著手展開自我成長的終身計畫，研究自己的舉止行為，揭露當中的衝突和前後矛盾之處，同時細察他人的行事作風。留意那些常被奉為圭臬的學識見聞，其實只會凸顯一個人的愚昧無知；注意那些主觀專斷的道理，有多常被吹捧成普世價值。看透名聲地位的膚淺本質，看穿鋪張

排場的浮華假象。每天閱讀經典名著，藉此習得縱貫古今的人生至理。

我們要了解的是，勉力學習新知觀念，不斷與已經內化的思想融會貫通，是訓練思考能力的關鍵，同時攸關你能否過理性的生活。要多加思索這些意義深遠的觀念。所謂「近朱者赤、近墨者黑」，找機會和那些有心提升自己心智的人為伍。收藏全世界古往今來思想名家的曠世鉅作（當然也包括異議思想家），以此做為你的終極目標。

自我教育，涵養內涵與思考

- 博覽群書。每天靠閱讀來開闊你的心胸眼界，接納重大的全新論點，尤其要勤讀文學名著及思想大家的著述，勿自我侷限於時下的新著作，從古至今的異議份子有何不同於主流的看法，多少也該涉獵一下。請參見本書附錄的「思辨書單」，當中列舉許多從古至今的文學名家與思想巨匠，建議你拜讀他們流傳後世的經典大作。
- 若不廣泛具備歷史觀、社會觀及經濟觀，你根本無從教育自己。想了解世界上每件事的真相，就得探究古往今來的人類行為，細察其行為模式及意涵。這意味你要多讀讀其他史料，才有助抵銷社群中心思維的主宰力量。這種思維支配了全球大多數人的世界觀，你要能覺察大部分的社會規範及禁忌，都帶有專斷的性質；要會區分容易因時移勢易而變遷的社會教條禁忌，與放諸四海皆準的倫理原則之間的差異。你只要具備放眼天下的世界觀，就更有議論國際新聞及荒謬社會的能力，進而逐漸找到自我、做你自己。

第30課　知道自己想往哪裡走

「學習最重要的技巧是保持企圖心，但一次一點就好，不要貪多。」

——詹森（Samuel Johnson），英國作家

你已經上了二十九堂的思辨課，每堂課介紹的觀念儘管簡明扼要，實踐效果卻相當驚人，然而你若想不斷成長進步，就必須決定自己未來該何去何從。

雖有這麼多現成的策略可助你增進生活品質，但有件事再明確不過，那就是如果你不跨出下一步，就不會有更下一步。就像被拉開的橡皮筋一樣，你或許會故態復萌，恢復原先的習慣；你也可能重蹈過去的行為模式，按照潛意識的信念行事。

要記住，唯有做到自主思考，你的心靈才會自由。換句話說，由你的心靈來支配你的一切——你的想法、你的感受、你的欲望及你的行為。你能控制自己的思考嗎？一旦你握有思考主控權，就會運用理性思考的技巧，判定哪些觀念該虛心接受，哪些該嚴正拒絕；哪些看法應嚴肅以對，哪些可以視而不見。

你得認清，人類天生就有自私的欲念，所以你的所思所為必須大公無私；你

得認明人類的思考天生僵化封閉，因此你要放開懷抱，從其他角度看事情。你不得不承認，個人的想法很容易向團體的意識形態靠攏，所以你要仔細觀察自己在群體中如何自處，找出你何時何地會盲目從眾。

唯有不斷籌謀如何促進心靈成長，你才能駕馭自己的心靈，否則你內在的自我中心和社群中心傾向會把你拉回安逸狀態，讓你陷在過去無意間養成的意識形態與思考習慣中，你的想法也因此有再商榷的必要。

要知道，若想正確評價你的行為圭臬，不二法門就是千方百計地進行理智訓練，磨練思考技巧。所以，趕緊擬定計畫朝提升思辨能力邁進，從今天就開始動手，並日復一日加以檢視、修正。

學習批判不能光靠想像，需要一套完整的計畫

著手訂出下一階段的自我成長計畫，把你今後幾個月打算閱讀的書單開出來，想想自己從今而後，該怎麼持續增進批判性思考的功力。保持每天寫日記的習慣，設法從多方來源閱讀新聞消息及培養世界觀。

請謹記我們的建議——當你一天一課，完成這三十天的計畫後，再進階為三十週計畫，每週全神貫注地實踐一個觀念。假如你做到這一點，就能助你深入

了解每個概念。每個重要觀念都是環環相扣，正因為它們彼此之間有重大的關聯性，才會展現強大驚人的效果。每週鑽研不同的重點，你洞悉事情的能力將會倍增。

最差勁的計畫就是沒有計畫，這會讓你的思考運作停留在極低的階段。要記住，你可能終其一生都會被迫屈從集體觀念，這種壓力從未減輕過；你也多少會一直受到自我中心力量的驅使。因此，你若有當自己主人的打算，就應該驅策自己在思考上精益求精。每一天都是新的開始，你個人就是追求心智成長的關鍵所在，切勿讓任何事或任何人，成為你達成目標的阻礙。

朝自我成長邁進的策略

- 發掘有助養成批判性思考的資源和書籍。
- 認真投入學習，每天（或每週）應用一個嶄新的重要觀念。
- 不斷探索書中的想法，持續記錄你反思後的心得。
- 每天預留一些時間執行自我成長計畫，但得確定是在心情平靜的時刻進行。你要有這樣的體認：若是根本懶得撥出時間追求心靈成長，你就稱不上是真正投入於開發自己。

附　錄　思辨書單：回顧值得思考的經典

「若能遇見一個才智非凡之人，便該問他讀過哪些書。」

——愛默生（Ralph Waldo Emerson）

想要自我教育、開拓心胸，從不同的方式來體驗這個世界，並抵銷社會環境和大眾媒介所帶來的影響的話，回顧經典是最有用的辦法之一。

閱讀那些十年前、二十年前、五十年前、一百年前、兩百年前、五百年前、一千年前，甚至兩千年前就問世的書籍，這個辦法可以讓你跨出當前的預設立場和意識形態，發展出觸類旁通的世界觀。如果你只閱讀當前最新的說法，無論範疇有多廣泛，都很容易吸收到一些普遍存在的錯誤概念，因為現下的人們都相信這些概念就是真理。

以下所選取的作者，他們的著作[16]可以讓你重新思考當前現況，以便重新形塑並拓寬你的世界觀：[17]

- 柏拉圖：《柏拉圖法篇》、《柏拉圖斐多篇》、《理想國篇：譯注與詮釋》

- 亞里斯多德：《尼各馬科倫理學》
- 埃斯庫羅斯（Aeschylus）：《希臘悲劇之父全集》
- 亞里斯多芬尼茲（Aristophanes）：《利西翠妲——男人與女人的戰爭》
- 阿奎那（Thomas Aquinas）：《論萬事》、《論萬物》、《論奧里》、《論真原》
- 但丁（Dante）：《神曲》
- 薄伽丘（Boccaccio）：《十日談》
- 喬叟（Chaucer）：《坎特伯雷故事》
- 伊拉斯莫斯（Erasmus）：《愚人頌》
- 培根（Francis Bacon）：《培根隨筆》

16 編者注：原書僅列出作家人名，以下選取該作家有出版中文譯本之著作，以供讀者參考。

17 我們明白，這一系列的作者必然是代表著西方世界的觀點。因此我們也建議，一旦你打好基礎，了解西方世界的精闢著作後，便可以接著閱讀東方偉大作家的作品。請透過cct@criticalthinking.org與我們聯繫，以取得有關東方精深著作的閱讀書單。

- 馬基維利（Machiavelli）：《君主論》
- 切利尼（Cellini）：《致命的百合花：切利尼自傳》
- 塞萬提斯（Cervantès）：《唐吉訶德》
- 蒙田（Montaigne）：《蒙田隨筆》
- 米爾頓（John Milton）：《失樂園》
- 帕斯卡（Blaise Pascal）：《沉思錄》（或譯《思想錄》）
- 德萊頓（John Dryden）
- 洛克（John Locke）：《政府論》
- 艾迪生（Joseph Addison）
- 潘恩（Thomas Paine）：《常識》
- 傑佛遜（Thomas Jefferson）
- 亞當斯密（Adam Smith）：《國富論》
- 富蘭克林（Benjamin Franklin）：《富蘭克林自傳》
- 波普（Alexander Pope）
- 柏克（Edmund Burke）：《崇高與美之源起》
- 吉朋（Edward Gibbon）：《羅馬帝國衰亡史》
- 詹森（Samuel Johnson）

- 狄福（Daniel Defoe）：《魯賓遜漂流記》
- 歌德（Goethe）：《少年維特的煩惱》
- 盧梭（Rousseau）：《社約論》、《愛彌兒》
- 布雷克（William Blake）：《布雷克詩選》
- 珍．奧斯汀（Jane Austen）：《理性與感性》、《傲慢與偏見》
- 艾略特（George Elliot）
- 狄更斯（Charles Dickens）：《雙城記》
- 左拉（Emile Zola）：《酒店》、《娜娜》
- 巴爾扎克（Balzac）：《高老頭》
- 杜斯妥也夫斯基（Dostoyevsky）：《罪與罰》、《卡拉馬助夫兄弟們》
- 佛洛伊德（Sigmund Freud）：《夢的解析》
- 馬克思（Karl Marx）：《共產黨宣言》、《資本論》
- 達爾文（Charles Darwin）：《物種起源》
- 紐曼（John Henry Newman）
- 托爾斯泰（Leo Tolstoy）：《戰爭與和平》、《安娜．卡列尼娜》
- 布朗蒂姊妹（the Brontes）：《簡愛》、《咆哮山莊》
- 諾里斯（Frank Norris）：《深淵》、《麥克悌格》

- 哈代（Thomas Hardy）：《遠離塵囂》
- 涂爾幹（Emile Durkheim）：《社會分工論》、《自殺論》
- 羅斯丹（Edmond Rostand）：《大鼻子情聖》
- 王爾德（Oscar Wilde）：《自私的巨人》
- 比爾斯（Ambrose Bierce）
- 邁爾斯（Gustavus Myers）
- 孟肯（H. L. Mencken）
- 薩姆納（William Graham Sumner）
- 奧登（W. H. Auden）
- 布雷希特（Bertolt Brecht）：《伽俐略》
- 康拉德（Joseph Conrad）：《黑暗之心》
- 韋伯（Max Weber）：《新教倫理與資本主義精神》
- 赫胥黎（Aldous Huxley）：《美麗新世界》
- 卡夫卡（Franz Kafka）：《審判》、《變形記》、《城堡》
- 路易斯（Sinclair Lewis）：《巴比特》
- 詹姆斯（Henry James）：《黛絲．米勒》
- 蕭伯納（George Bernard Shaw）：《尼貝龍根的指環》

- 沙特（Jean-Paul Sartre）：《嘔吐》
- 吳爾芙（Virginia Woolf）：《自己的房間》
- 威廉斯（William Appleman Williams）
- 湯恩比（Arnold Toynbee）：《歷史研究》
- 米爾斯（C. Wright Mills）：《社會學的想像》
- 卡繆（Albert Camus）：《異鄉人》、《瘟疫》
- 凱瑟（Willa Cather）
- 羅素（Bertrand Russell）：《西方哲學史》
- 曼海姆（Karl Mannheim）：《意識型態與烏托邦》
- 曼德（Thomas Mann）
- 愛因斯坦（Albert Einstein）：《相對論的意義》
- 西蒙·波娃（Simone De Beauvoir）：《第二性》
- 邱吉爾（Winston Churchill）：《第一次世界大戰回憶錄》
- 賴德勒（William J. Lederer）：《醜陋的美國人》
- 柏卡（Vance Packard）
- 賀佛爾（Eric Hoffer）：《群眾運動聖經》
- 高夫曼（Erving Goffman）：《日常生活中的自我表演》、《精神病院》

- 艾吉（Philip Agee）
- 史坦貝克（John Steinbeck）：《憤怒的葡萄》
- 維根斯坦（Ludwig Wittgenstein）
- 福克納（William Faulkner）：《給愛米麗的玫瑰》
- 帕森斯（Talcott Parsons）
- 皮亞傑（Jean Piaget）
- 梭羅（Lester Thurow）：《世紀之爭》
- 瑞奇（Robert Reich）：《超極資本主義》
- 海爾布魯諾（Robert Heilbroner）：《俗世哲學家：改變歷史的經濟學家》
- 杭士基（Noam Chomsky）：《失敗的國家》
- 巴森（Jacques Barzun）：《從黎明到衰頹：五百年來的西方文化生活》
- 奈德（Ralph Nader）
- 米德（Margaret Mead）
- 馬凌諾斯基（Bronislaw Malinowski）：《西太平洋的航海者》
- 波柏（Karl Popper）：《二十世紀的教訓：卡爾・波柏訪談錄》
- 墨頓（Robert Merton）：《科學社會學》
- 柏格（Peter Berger）：《現實的社會構建》

- 傅利曼（Milton Friedman）：《資本主義與自由》
- 布朗諾斯基（J. Bronowski）：《科學進化史》
- 辛格（Peter Singer）：《我們只有一個世界》
- 珍古德（Jane Goodall）：《大地的窗口：珍愛猩猩三十年》、《熱血．夢想．非洲》
- 津恩（Howard Zinn）

在回顧經典時，你會認識到一些今日的刻板印象和錯誤概念，你會更完善地認知到，哪些事情是普世一致的，哪些又是相對的，哪些事情是基本必須的，哪些又是可以任意變化的。

附錄　辭彙解釋：進一步定義每個值得思考的名詞

本篇附錄的各個詞語，是取自於我們的批判性思考概念詞彙表[18]；仔細閱讀這些概念，有助於讓你更深入地了解本書想法。請留意各個詞語之間的相互關係，把這些概念看成一個網絡，深入了解並加以整合這張網絡，就可以讓你的生活邁向更好。

正確的（accurate）：不出錯、不犯錯，或沒有歪曲失真。正確性是一項不可或缺的理智標準，也是批判性思考的重要目標。不過，正確通常是程度的問題，我們做得有多正確，必須取決於環境和手頭問題所設下的條件（以及我們能夠滿足多少前述條件）。批判性思考者會努力正確表達出他們自身、和其他人的觀點。

18 若想取得完整詞彙表，請參見艾爾德（Linda Elder）和保羅（Richard Paul）的《批判性思考詞語及概念彙整》（*A Glossary of Critical Thinking Terms and Concepts:The Critical Analytic Vocabulary of the English Language*）（暫譯，目前尚無中文版）。

預設（assumption）：這個字眼就是指「我們理所當然認為對的事情」，並用這個想法來思考其他某些事情。如果你因為某位候選人是共和黨人，就推論他會支持財政預算平衡，那麼你的預設就是「所有的共和黨人都支持財政預算平衡」。如果你因為新聞把某些外國領袖呈現為我國的「敵人」或「朋友」，就認為他們確實是「敵人」或「朋友」，那麼你的預設就是，新聞對於外國領袖品德的描述，永遠是正確的。如果你因為某個人在派對後邀請你回家「繼續這段有趣的談話」，就認為對方對你有意思，那麼你的預設就是，如果有人在派對後的深夜邀你回家，就是為了發展情感關係。

所有人的思考和體驗，都是以預設為基礎。我們的想法必須其來有自，但我們一般都對自己的預設渾然不覺，所以也很少加以質疑。很多人的錯誤想法，背後都有著未經批判檢驗的預設前提。比方說，我們在經歷各種事情的時候，常常預設自己好像沒有特定立場，可以看到事物的原貌一樣。

但是，擁有思辨能力的人，就會很清楚自己的預設立場是什麼，並會基於當下情況和事態，做出合理、正當並協調一致的預設。他們在任何狀況下都會習慣性地去想，自己是不是把什麼事情看成理所當然了？而不善思辨的人，則往往不明白自己的預設立場，經常做出不合理、不正當並相互矛盾的預設，然後又加以忽視。

概念（concept）：每一種學術門派，都會發展出自己的一套概念或專有詞彙，好讓思考有所本。以「倫理」為例，我們得靠各種概念詞彙來了解倫理，如果不能好好認識正義、公平、仁慈、殘酷、權利和義務等概念的話，我們就無法理解倫理。

每一種運動也都會發展出一套概念詞彙，讓有興趣認識或精通這項運動的人，可以了解其中意義。我們若無法掌握用以表達自身想法的種種概念或觀念，就永遠也無法掌握自己的想法。

比方說，大多數的人都很重視教育，但相對地，卻很少有人對教育的概念，有合理或完善的認知。很少有人能夠分清楚教育、訓練、教訓和社會化之間的不同，所以也就難免會將這些大相逕庭的觀念相互混淆了。再舉個例子，也很少有人能夠辨別學生是受到教訓，還是得到教育。

之所以有這些混淆，是因為很少有人能夠清楚說明，一個「有教養的人」，應該有什麼技術、能力和理智特質。懂得批判性思考的人，可以根據一個概念在既有社會團體或文化下，所讓人聯想到的意涵，來分辨出按照一般知識經驗，各個詞彙有哪些隱含概念。若是無法建立這項能力，就容易盲目接受各種社會定義和規範，並造成社會的不公。

舉例來說，很多美國人因為受到禁欲傳統的影響，對於性（sexuality），也有著潛在的禁欲傾向。他們不假思索地接納了文化制定的規則（規定人們在哪些條件下才可以發生性關係），即使這些規則多半都是專斷的。可以說，他們是被社會的性意識概念所束縛，而沒有認知到，「性」還有很多合理的觀看角度。他們完全沒有把「性」當成一種概念，而是把與性觀念相關的規範，看成本來就是、也應該是這樣。

擁有批判技巧的人，會注意到自己和其他人所使用的關鍵概念，可以解釋出所用關鍵字詞的基本意涵，可以分辨出字詞的常態用法和特殊用法，可以察覺到哪些是不相干的概念和想法，並恰當運用各種概念和想法。

信任理性（**confidence in reason**）：深深地相信，長遠而言，讓理性盡情自由發揮，才能符合個人和全體人類的最大利益；懷抱信心地認為，若想建立出一個批判性社會，那麼最好的途徑，就是鼓勵人們有自己的想法，發展出理性才能；認為人們可以學習從理性觀點出發，自主思考，克服整體社會和人類天性中根深蒂固的種種障礙。

人們可以透過實際經驗來建立對於理性的信心，包括經由推理思考得出見解、解決問題、以理服人並服膺於理。但若要人們在不明所以的狀況下執行任務、在缺乏驗證或正當理由下人云亦云，單憑權威或社會壓力的基礎就接納某些信念，那就會損害他們對於理性的信心。

批判性的（**critical**）：好於評判，尤其是揪出錯誤、吹毛求疵，並進行謹慎的判斷或觀察。這個詞彙有好幾種意思，都與批判性思考有關，但其中至少有一種意思卻是不相關的——那就是過度熱衷於揪出錯誤，卻沒有關注到如何有效解決這些錯誤。這會讓人聯想到「犬儒」或「悲觀主義者」，也就是習於看到人生的負面角度、抱持失敗主義，因此也很少設法解決問題的人。但就批判性思考的意涵來說，「批判性的」乃是著重於謹慎評判和有技巧的批評。

批判性社會（**critical society**）：一個能夠系統性培養批判性思考，也能系統性獎勵那些反省質疑、理智自主和合理異議的社會。只要想像一個可以讓個人在日常生活中，體現獨立批判性思考的社會，就能了解批判性社會的概念了。

知名社會學家薩姆納（William Graham Sumner）曾經明確地闡述過這個理想：「若社會上一般人可以具備批判性思考的習慣，就可以讓批判性思考更廣為傳佈，因為它可以解決人生的各種問題。受過批判性思考訓練的人，不會因為某些拙劣說法而自亂陣腳，也永遠不會受到狂熱言論的愚弄。他們不會太快相信一件事情，而會賦予不同程度的可能性。他們願意等待證據出現，再加以衡量，不因為任何一方的主張，而受到左右。他們可以抗拒自己最深刻的偏見，以及各式各樣的諂媚誘騙。批判能力的教育，可以說是唯一一種真正能夠教導出良好公民的教育。」

除非批判性思考的習慣能夠在社會上普及（可能至少還要數十年之久），否則學校等社會機制，或多或少都會不加批判地傳遞一些氾濫的世界觀，把那些觀念當作事實真相，而非只是其中的一面。批判性思考教育的必要條件，就是把學校和教室，當成一個批判性社會的縮影。唯有具備以下條件，我們才能建立出一個批判性的社會：

- 鼓勵人們自主思考，防止人們不加分辨地接受其他人的想法或行為。
- 持續且固定地教授批判性思考。
- 長期關注思考的問題。
- 全面打擊封閉思維，鼓勵開放思維。
- 讓孩童們學習到，他人和自己的權益需求一樣重要。
- 培養多元文化的世界觀。
- 把自我中心和社群中心思維，視為社會生活的禍源。
- 讓理智正直、理智謙遜、理智移情、信任理性以及理智勇氣，成為普及的社會價值。

批判性思考者（**critical thinker**）：不斷嘗試在生活中做到理性、公正和自我反省的人。批判性思考者能夠敏銳意識到人類的思考有其潛在缺陷，並會努力去除他們身上的自我中心和社群中心傾向。他們會運用批判性思考的理性工具，來分析、評估和提升思考。他們會勤於努力發展理智美德，包括理智正直、理智謙遜、理智移情，以及對於理性的信心。

他們明白，無論自己的思考技巧有多麼高超，他們的推理思考能力都還有很大的改善空間，也知道自己難免不時陷入推理錯誤、不講道理、偏頗扭曲、不加批判地接受社會常規和禁忌，或是重視自身利益的困境。但他們會努力成就出一個更理性的社會，努力將相關人士的權益需求納入考量。一個人有多符合「批判性思考者」這個稱號，是取決於他在日常生活中，能夠展現出多少批判性思考的技巧、能力和特質。世界上沒有「完美」或「理想」的批判性思考者，也永遠不會有。

防衛機制（**defense mechanisms**）：一種人類心理用來自我欺騙的過程，目的是為了避免應付一些不受社會歡迎、或令人苦惱的想法、信念或情境。人性思維會經常下意識地進入自我中心思考，從而強烈影響我們的行為。當我們從自我中心的角度出發時，就會企圖得到自己想要的東西，從自私自利的觀點來看待這個世界，但同時間卻又自認為，自己的動機是合情合理的，如此我們才能掩蓋住自我中心動機。而要掩蓋動機，就必須自我欺騙；要自我欺騙，就得藉由防禦機制的手段才能達成。我們的思維可以透過防禦機制，來避免有意識地察覺到罪惡、痛苦、焦慮等諸如此類的負面情緒。

在佛洛伊德學派的心理分析理論中，「防禦機制」一般是用來指稱大腦在無意識間所使用的心理策略，目的是要因應現實，並維持正面的自我形象。防禦機制的理論很複雜，有些理論學者甚至認為，有些時候，防禦機制是有益健康的（特別是在兒童時期）。不過，當這些機制在一般成人的心理中運作時，就會對理性和批判性社會，構成重大障礙。

所有人都會自我欺騙，但是批判性思考者卻會不斷努力心存善意，盡量減少自我欺騙的傾向，並去了解這種傾向，然後設法削弱它的力量和出現頻率。最常見的防禦機制包含否認、投射、認同、壓抑、合理化、刻板印象、代罪羔羊、昇華和心懷願望。

否認（denial）：一個人為了維護有利的自我形象或一套信念，而拒絕相信某些不容置疑的證據或事實。否認是人們最常運用的防禦機制之一，所有人偶爾都會否認一些他們無法面對的事情——譬如某些關於他們自己或其他人的難堪真相。舉例來說，一個棒球選手或許會否認他在比賽時曾出現任何差錯，以便維持自己棒球技巧高超的形象。一個愛國的人或許會否認他的國家曾經侵犯過人權，或有過違反公義的行為。

欲望（desire）：希望、想要或渴求某件事物。欲望會伴隨著情緒或感覺，構成人類心理思維的情感面向。批判性思考者會追求那些能成就自我的欲望，但不會侵害其他人的權益。批判性思考者會經常性地檢視自己的欲望，確保這些欲望合情合理，並且相互協調一致。

自我中心支配（egocentric domination）：一種自我中心傾向，不合理地直接濫用權力來強迫或威脅他人，以達到個人目的。一個人可以公然或暗中地對他人進行自我中心支配。一方面，強勢的自我中心可能是嚴厲獨裁、專制霸凌的行為（譬如有暴力傾向的另一半）；另一方面，自我中心也可能是透過微妙的訊息和行為，示意可能會在「有需要」的時候動用控制力量（譬如一位主管旁敲側擊地提醒下屬，必須毫無疑問地服從，才能保住飯碗）。

自我中心服從（egocentric submission）：在心理上附和、服從於「有權力」的人，以求達到目的的一種非理性傾向。人類生來就會關心自身利益，並懷抱著滿足自身欲望的動機。

人們通常會學到，「成功」的方法有兩種：一是（公然或微妙地）在心理上征服或威嚇那些構成妨礙的人；或者是在心理上附和及服從那些更有權力的人，然後讓他們：（一）賦予自己一種重要感；（二）保護自己；以及（三）分享他們的某些好處或成功。

當人們服從強權者時，就是所謂的「自我中心服從」。公然強迫或控制其他人的人，則是所謂的「自我中心支配」。這兩種行為模式都可以在公開場合上看到，譬如搖滾明星、運動明星和仰慕者的關係，就是一個例子。多數社會團體的內部都會有「強弱次序」，有些人扮演領導者，多數人則扮演跟隨者的角色。一個公正理性的人，既不會想要支配他人，也不會盲目服從於其他的支配者。

自我中心（egocentricity）：從個人角度來看待所有事情的一種傾向，將現實和主觀感受相互混淆，以自我為中心，或是只考慮自身利益；為了堅持特定看法或認知，而扭曲現實。

人們在判斷和經歷事物的時候，常常會不經批判，下意識地以自己的欲望、信念和價值觀做為準則，似乎這一套欲望、信念和價值觀比其他人的更優越。自我中心是批判性思考的根本障礙之一，當一個人學會高度地批判性思考時，他就會變得較為理性、較不自我中心。

情緒（emotion）：能夠被意識到的情感，通常是一種強烈感覺或興奮狀態。我們的情緒，基本上一定都會和思考及欲望有關。這三種心理思維（思考、感受和欲望）會持續性地反覆彼此影響。比方說，當我們認為事情進展不順利時，就會經歷到負面感受。

當我們有不理性或自我中心的想法時，心裡也會冒出非理性的感覺。我們或許會因為幼稚的憤怒、恐懼和嫉妒而激動起來，從而導致客觀性和公正性的下降。所以，情緒的用處，就是顯現出對我們而言，事情進展順利與否。

人類會經常性地體驗到各種情緒狀態，從高昂到低落都有——從興奮、快樂、愉悅、滿意，到憤怒、防備和沮喪等等。不同的理性或非理性的思考和行為，有可能會讓我們產生相同、或非常類似的感覺。譬如當我們成功支配某人，或是成功教導一個兒童學會閱讀的時候，都可能會感到「滿意」。當某人拒絕聽從我們的不理性命令，或是我們發覺世界上存在某些不公不義的時候，都可能會感到「憤怒」。因此，我們或許很難從滿意或憤怒等感覺本身，了解到導致這種感覺的思考品質如何。但無論如何，情緒、感覺和思考都是緊密相連的。

強烈的情緒可能會讓我們失去理性，甚至導致思考和行動能力癱瘓。我們的情緒都存在著認知面向，所以，有能力去分析思考及其所產生的情緒，就是理性生活的關鍵。深諳批判性思考的人會努力認清，當思考運作不良時，會導致我們產生一些不當或無益的情緒狀態。

情緒智商（emotional intelligence）：用智慧來左右情緒；運用有技巧的思考方式來掌控個人情緒。這個觀念的基本前提是，在特定情況下，品質良好的推理思考，會比品質低劣的推理思考，更能帶來令人滿意的情緒狀態。

掌握個人情緒，是批判性思考的一個重大目標。近年來，很多人常常將「情緒智商」一詞，和日漸興盛的「大腦」研究扯上關聯，試圖把大腦化學作用和心智功能相互連結，認為大腦裡的神經作用，和心理思維的認知／情緒過程是有關聯的，但我們必須謹慎避免過度引申這類研究。

例如，部分研究者提出，杏仁核可以在心理思維還沒有機會「思考」之前，就對情境做出情緒反應。有人把這個情形歸咎為殺人等行為的肇因（在他的高階心智功能還來不及阻止他之前，他就做出了情緒性的反應——殺了某個人）。

話雖如此，每個情緒反應無論有多麼原始，都仍舊和某種思考有關。如果我一邊跳躍一邊恐懼地大喊，這是因為我認為有些潛在的危險。同樣地，這個想法可能很原始簡單，可能只在剎那之間閃過，但總歸是一個想法。對於一般人而言，掌控情緒並不需要什麼有關大腦化學作用和神經科學的知識，只要研究心理思維和它的功能（如思考、感受和欲望），我們就會得到大量知識，可以用來發展情緒智商。

舉例來說，如果我們認為情緒總會和某種思考有關，並以這個基本前提為起點，就可以分析那些讓我們產生種種情緒的想法，以及為什麼情緒會讓我們無法在特定情況下，理性或合理地思考。我們也可以分析那些會讓我們出現不理性想法，並隨之產生不理性情緒的情境。

道德推理（**ethical reasoning**）：思考某個會幫助或傷害到某種生命的議題。道德推理和其他方面的推理思考一樣，同樣都要受到分析和評估。道德推理具備其他所有推理思考的元素，也要用相同的標準來評估——也就是明確性、正確性、精確性、相關性、深度、廣度、邏輯性和重要性等標準。

了解道德原則，對於做出好的道德推理相當重要。合理的道德思考，歸根究柢便是來自於有道德的概念（如公正性）和原則（例如「相同的情況必須用相同的方式來處理」），以及好的批判性思考原則。道德原則是人們行動的指引，指引人們為善或傷害他人，指引人們有責任採取行動或按兵不動。就算某個行為嚴格來說並不屬於一種責任義務，我們也可以判斷它的道德價值。

我們常會搞混道德和社會成規、宗教和法律。這是因為我們用文化規範和禁忌、宗教意識型態或法令規定，來定義何謂道德。舉例而言，假設有個宗教團體鼓吹人們殺害頭胎男嬰，或將少女獻祭給神靈，而宗教又可以和道德劃上等號的話，那麼這些做法就會被視為正當的行為，或換句話說，是「道德」正確的行為。很顯然，這會讓任何一個對於我們生活有重要意義的思想體系都被粉碎瓦解，讓我們無法定義是非對錯，無法確知什麼行為該被懲罰、什麼行為是我們該提倡或准許的。

公正性（fairmindedness）：一種經過培養的思維態度，讓思考者可以客觀看待某個議題的所有相關角度，不會獨厚個人或所屬團體的看法。公正性意味著能夠意識到，我們必須公平對待所有相關觀點，不涉及個人情感或私利，抑或是親友、團體、國家等等的情感或私利。至於人們為何會缺乏公正的態度，理由主要有三：天生的自我中心想法、天生的社群中心想法，和缺乏推論複雜道德議題所必需的理智技巧。

感覺（feeling）：特定的情緒反應；有時也與生理知覺有關。感覺或情緒必然有著與思考相連的地方。感覺會影響思考，思考也會影響感覺，這兩者是彼此相互作用的關係。所以，「當我認為自己做錯的時候，會覺得很生氣。」而且，「我越是認為自己做錯了，就會覺得越生氣。」批判性思考者會用自己的想法，來掌控自己的感覺。

人性（human nature）：人類的普遍特質、本能、能力和固有傾向。人人都有原生天性和第二天性。我們的原生天性是自發性的、自我中心的，且會受制於非理性的觀念結構。原生天性構成了我們本能思考的基礎。

一般人都不需要經過任何訓練，就可以相信他們想要相信的事情，包括符合當下利益、能夠維護個人安全感和個人道義、將矛盾感降到最低，和符合他們眼中是非對錯的事情。

一般人也不需要經過特別訓練，就可以相信身邊其他人所相信的事情，像是父母朋友的想法觀念、教育機構宣揚的內容、媒體的反覆報導，以及整個國家文化所普遍相信的事情。一般人都不需要經過任何訓練，就會認為與自己立場相左的人是錯誤的，而且可能帶有偏見。一般人也不需要經過任何訓練，就會假定自己最根本的想法無疑是正確的，或者很容易就可以找到佐證。人們會自然而然地認同自身觀念，遇到不同意見的時候，就把它當作是人身攻擊；但這會使人們心生防備，難以設身處地去看待其他人的想法。

另一方面，一般人必須經過廣泛且系統性的練習，發展第二天性和內在能力，才能發揮理性。所以他們必須練習讓自己排斥一些矛盾的想法，喜歡明確性、熱中於追求理性和證據，並公正看待其他人的觀點。

含義／意指（implication / imply）：從其他事實或主張衍生而來的事實或主張，呈現出不同事物或想法之間的邏輯關係。所謂的「意指」，就是間接或透過暗示來表達意思。如果你向某個人說你「愛」對方，就是意指你很關心這個人的幸福。如果你許下了一個承諾，就意指你打算做到那件事情。如果你說某個國家是「民主國家」，就意指該國的政治權力大多掌握在人民的手中，而不是少數當權者。如果你說自己是女性主義者，就意指你贊成女性和男性在政治、社會和經濟上處於平等。

我們常常會從一個人能不能言行相符，來驗證他的可信度。「心口合一，由衷而言」，是批判性思考（和個人正直度）的原則。批判性思考最重要的技巧之一，就是有能力分辨一個情境或狀態的真正意涵，以及這個情境或狀態可能會讓人不經意地想到什麼。

批判性思考者會盡力注意自己所做的推論，好讓自己在任何背景下，都不至於誇大或淡化其中意涵。就連在說話時，也會試著讓他的遣詞用字，只會指出充分合理的意涵。他們知道，約定俗成的字詞用法，就會產生約定俗成的意思，因此會明確精準地表達字詞意義和可能的推論結果，仔細檢查可能有什麼正面和負面的推論。他們也會有心理準備，那些字詞可能還會衍生出一些意想不到的正面或負面意涵。

推論／推論內容（infer / inference）：一個人可以透過推論，判斷出某件事情是什麼狀況，再據此判斷另一件事情又是如何，或看起來如何。推論的意思正是，從已知的事實或證據進行推理思考，然後達成一個決定。一般人都會不斷進行推論；推論存在於我們了解每件事情意義的過程中。

舉例來說，如果你手上握著一把刀來找我，我可能會推論你打算傷害我。推論內容可能符合邏輯，也可能不合邏輯；可能正當合理，也可能相反。但就算推論不合邏輯或不正當，當事人通常也都會認為那是對的想法。

大多數的人，都很難分清楚哪些是推論，哪些是他們體驗到的事情原貌。很多人並沒有意識到自己在進行推論，也不知道自己不僅是根據資訊，還會以「預設立場」做為推論的基礎（通常是在下意識的思考層次）。

懂得批判性思考的人會留心自己的推論內容，知道自己所做的任何推論，都可能擁有正當理由，也可能缺乏正當理由。他們很清楚自己的推論、可以清楚表達推論內容，且通常會按照證據或道理來推論。他們常常做出深入而不膚淺，且合情合理的推論或結論，並了解哪些推論是出自於哪些預設前提。

資訊（information）：透過閱讀、觀察或傳聞等方式，所蒐集到的表述、統計、資料、事實和圖表。把資訊用於推理思考，就是指運用一組事實、資料或經驗，來支持我們的推論結果。資訊本身並不一定可靠或正確，它有可能被正常合理地呈現，也有可能被扭曲應有的價值。

人們總是會按照自己的預設前提來解讀資訊，通常，當某個人在進行推論的時候，我們可以合理地問他：「你是根據什麼事實或資訊，做出這個推論的？」對於推理思考而言，資訊基礎必然是很關鍵的一部分。

比方說，我們必須根據事實資訊，來決定是否要支持死刑。如果要反對死刑，我們會用到的資訊可能包括：

- 自從一九七六年美國最高法院恢復死刑以來，每處決七名人犯，就會有一名等待執刑的犯人被發現是無辜的，並獲得釋放。

• 由於檢察官隱匿無罪證據、或提出自知有誤的罪證之故，自一九六三年以來，至少已有三百八十一件凶殺案判決遭到推翻。

• 美國審計總署研究發現，死刑判決中存在種族偏見的情形，白人凶手被處決死刑的比例比黑人凶手更高。

• 自從一九八四年以來，已有三十四名智能障礙者被處以死刑。

善於思辨的人，只有在擁有充分證據支持的情況下，才會提出一項主張，他們能夠清楚表達、評估那些主張背後的資訊，主動搜尋其他與自身立場相反的資訊，不理會那些和眼前問題無關的訊息。有多少的資料，他們就做多少結論，並清楚、公正地陳述出他們的證據。

理智傲慢（**intellectual arrogance**）：一種天生的自我中心傾向，對自身的所知過度自信，認為自己的想法很少出錯，不需要改善自己的思考，自己所接收到的訊息都是「真實的」。思考發展的最大障礙之一，就是人們傾向自我中心地認為，自己的想法觀念都是對的。但批判性思考者則會敏銳地意識到這種思維問題，然後注意自身是否也有同樣狀況。他們會努力發展理智謙遜的美德；致力降低理智傲慢在自己身上出現的可能性和作用力。不過，他們也知道，自己永遠都會不時受到這個傾向的影響。

理智自主（intellectual autonomy）：能夠獨立、理性地掌控個人的看法、價值觀、預設和推論。理想的批判性思考，就是要學著主導自己的思考過程。理智自主不等於任性、頑固或反叛，而是致力從理性和實證的基礎，去分析和評估種種看法，提出合乎理性的疑問，相信合乎理性的看法，並同意合乎理性的共識。理智自主的相反，就是理智順從（intellectual conformity）。

理智文明（intellectual civility）：正視其他人的思考，平等看待他們的智識，全心尊敬他們的觀點——致力於說服他人，而不是威言恫嚇。理智文明不同於理智蠻橫（intellectual rudeness），後者是用言語攻擊他人、無視他人，帶著成見來看待別人的觀點。理智文明並不只是禮貌的問題，它的根本觀點就是每個人都有權利表達自己的看法，並在過程中得到有禮的對待。

理智勇氣（intellectual courage）：願意面對各種讓自己強烈反彈的想法、信念或觀點，並加以公正評估；願意批判性地分析自己深切懷抱的信念。

理智勇氣在於能夠認知到，某些看起來很危險或荒謬的想法，有時候其實是

（完全或某部分）合情合理的，而某些周遭所擁護、或反覆灌輸給我們的信念或結論，有時候卻是錯誤或誤導人的。若想判斷出是哪一種情形，我們就千萬不能被動地、不經批判地接受自己所學習到的事物。這就是理智勇氣派上用場的地方，因為如果我們能夠客觀看待事物，就一定會看出有些危險荒謬的想法中帶有真理；而有些社會強烈支持的想法，則帶有扭曲或錯誤的成分。

我們需要有勇氣，才能在這種情況下真實面對自己的想法。檢驗那些備受推崇的信念，是很困難的事情。即便是在公認的民主社會，不願墨守成規，也常常會遭受到嚴厲的懲罰。

理智好奇（intellectual curiosity）：強烈渴望能夠深入了解、提出和評估有說服力的假設和解釋。譬如稚齡兒童往往會源源不絕地冒出問題，就是一個例子。然而，今日一般的社會和學校教育，卻不鼓勵這種天性，除非給予某種誘因，否則很多人會怯於這樣做。各級學校教育應該鼓勵理智好奇，鼓勵學生提出疑問，自主思考，並運用自己的想法來理出頭緒；否則，學生的理智會陷入死胡同，內在好奇心會被削弱，並失去學習的動力。理智好奇的相反，就是理智淡漠（intellectual apathy）。

理智紀律（intellectual discipline）：思考時擁有嚴格、謹慎、仔細的特質，並有意識地控制它。缺乏紀律的思考者，不會注意到自己說出了沒有根據的結論、令人混淆的想法，或忽略了相關事證等。理智紀律是成為批判者的核心關鍵。

我們必須讓心智受過紀律訓練，才能找出並仔細評估必要事證，系統性地分析和解釋問題，並且讓自己的思考能夠符合清晰、精確、完整和一貫性等理智標準。達成理智紀律，是一個緩慢、日積月累，而且只能透過反覆努力才能做到的過程。

理智移情（intellectual empathy）：明瞭自己必須設身處地為他人著想，才能真正了解他們。若要建立理智移情，首先我們必須知道，一般人天生就傾向認為自己的直覺或長期觀念都是對的。理智移情的能力，就是能夠正確重現其他人的觀點，並從自身以外的預設前提，來進行推理思考。這項特質還包括我們必須謹記，就算你強烈相信自己是對的，還是有可能犯錯。理智移情的相反，就是理智狹隘（intellectual closemindedness）。

理智參與（intellectual engagement）：將所有的注意力，導向於學習或理解某件事情。想要深入且深刻的學習，就必須在學習過程中運用理智。大多時候，人們在教導和學習的過程裡，都沒有做到理智參與。當這種情況發生的時候，學生就會疏於學習，只能片面或暫時性地學到那些內容。能夠做到理智參與，就能了解如何深入地學習，看到並學習到價值，也更有信心自己能夠自主思考事情。

理智謙遜（**intellectual humility**）：能夠意識到自身知識的侷限，包括敏感察覺自我中心的天性可能會造成自我欺騙，也能敏感察覺個人觀點的偏差、偏見和侷限。理智謙遜的基礎在於能夠認知到，人不應該言過其實。它不是簡單的軟弱或服從，而是意味著一個人非但不會自命不凡、自吹自擂或虛榮傲慢，還能夠洞察到個人信念的邏輯基礎中，有什麼長處或短處。理智謙遜的相反，就是理智傲慢。

理智正直（**intellectual integrity**）：能夠認知到必須真實面對自己的思考，保持一貫的理智標準，對自己或對手都同樣嚴苛，身體力行自己對他人所提倡的主張，並誠實坦承自己也有言行不一之處。

建立這項特質的最好辦法，就是在一個支持的氛圍下，讓人感覺到充分的安全，以便誠實吐露自己的言行不一，並建立、分享實際的改善方式。言行一致是很困難的事情，而誠實坦承這一點，也算是理智正直的必要條件。理智正直的相反，就是理智虛偽。

理智堅持（**intellectual perseverance**）：意識到即便有種種困難、障礙和挫折，我們還是必須追求對的事情；即便他人不理性地反對依然堅定；認為自己必須長時間應付種種困惑和未解的疑問，才能得到更深刻的見解或認識。

如果學校老師等人不斷提供學生答案，而不是鼓勵他們自行推理思考，來找出問題的答案；如果老師們用公式、法則和捷徑，來取代謹慎獨立的思考，那就會損害理智堅持這項特質。如果用死記硬背來取代深入學習，也會損害這項特質。理智堅持的相反，就是理智的怠惰或懶散。

理智責任感（**intellectual responsibility**）：覺得有義務在理智上克盡個人責任，並盡己所能地發展個人心智。有理智責任感的人，就會明白所有人都有責任做出完善的思考，並會非常致力於蒐集適當證據，來支持自己的想法。有理智責任感的人，終其一生都會致力發展心智，日益貼近理性思考的境界。

理智正義感（**intellectual sense of justice**）：在評估各個立場時，不參雜個人情感或既得利益，也不涉及自身親友、團體或國家的情感或既得利益。理智的正義感，與理智正直和公正性都有密切關聯。

非理性的／非理性（**irrational / irrationality**）：一般人都同時有著理性和非理性的部分。內在的自我中心和社群中心傾向，常常導致我們做出一些不合邏輯的事情，雖然當下在我們眼中看起來可能絕對合乎邏輯。我們未必能在任何情況下，都自動察覺到什麼是合理的事。

相對地，我們的言行舉止有多麼理性，是取決於我們的理性能力發展程度；而這又取決於我們學到什麼地步，可以超越自身的偏見、狹隘和自私觀點，在特定情況下看到最合理的想法和做法。批判性思考有助於警覺到自己的非理性傾向，努力成為理性、公正的人。

透視／角度（**perspective**）：有能力看出所有相關資料之間的邏輯關係，且能綜觀大局；看到各種資訊、資料和經驗之間的意義關聯。

請注意，這個詞至少有兩種不同的用法，第一種用法著重在從整合的方式，看出事物之間的明確關係（譬如，「我們永遠可以信賴她會透視大局」，或是「透視事物的全貌」）。

第二種用法則是指，個人對於某種情境或想法，所抱持的觀點或邏輯。所有的想法都源於某些角度，源於某些相互關聯的念頭，這些念頭在思考者的心中會自成一套邏輯。我們就是透過這樣的角度來形成經驗，看見事物。

我們常會對各種思考事情的方向給予不同稱呼，例如，我們可能會從政治、科學、詩意或哲學的角度，來看一件事情；我們可以保守地或開放地、宗教地或世俗地，去看一件事情。我們可以用文化或金融的角度來看事情，或是雙管齊下。一旦知道別人是如何看待一個問題或議題後，我們就更能看出他們思考邏輯的整體，也能更了解他們的觀點。

觀點（point of view）：審視事物的出發點；觀看事物時所採取的心理位置。你不可能在同一時間了解到每一個人物、事件或現象的每一個有利角度。我們的目的往往會決定我們怎麼去看一件事情，批判性思考的要求，就是我們必須在分析和評估思考時，也考慮到這一點。

那麼，在某個觀點下進行思考，就是指我們的思考一定帶有某個特定焦點或導向。思考會從某個角度聚焦在某件事物上，而觀點，則是根植在我們的角度之中，只是「角度」通常是用在比較廣義的層面。例如，我們可以用「自由開放」的角度，來觀察某位總統候選人；但我們看待這位候選人的觀點，則是比較具體的，好比說，我們可能認為這位候選人違反了自由主義的原則等等。

善於思考的人會謹記，人人都有不同的觀點，特別是對於有爭議性的議題，所以他們會不斷去串連其他觀點，充分加以了解，並尋求更多看法。他們還會警覺到自己可能帶有偏見的時候，然後用豐富的見識和廣闊的觀點，來著手處理種種問題和議題。

精確（precision）：做到具體、明確且詳盡的品質。精準是一項基本理智標準，且一般可分成兩種不同意思：精準做到必要的詳盡程度，或是做法正確。

在日常生活的推理思考中，你的想法有可能很精確，但卻不是正確的事實，只是非常詳盡罷了。例如你可能會說，一般人每天需要三五六四五三・九八七六卡，非常精準地說出了一個人所需要的熱量。但是，這個答案雖然「精準」（精確的第一層意思），卻是「不正確」的（精確的第二層意思）。

如果問題焦點在於數字測量的話，精確往往就會帶有正確的意思。以精準的意思來說，如果你在思考一個問題或議題時，需要用到細節資料，那麼精確性也是很重要的。所以，精準度的要求，乃是取決於個別問題、議題或疑問而定。

目的（purpose）：一個人所想要達成的某件事情。所有的推理思考都有一個目標。即便只是最簡單的事情，我們的行動也都會有著某個期望的結果。讓人們有意識地體認到目標和欲望，是批判性思考的重要關鍵。所以，擁有批判性思考能力的人，願意花時間說清楚自己的目標，並定期自我提醒，判斷自己有沒有偏離目標。

合理化（rationalize）：把一個人的行為、意見和諸如此類的表現，歸結為看似合理正當的原因，但卻不是真正的原因。請注意，「合理化」一詞有兩種不同的用法。第一種意思等同於理性或合理地思考，另一種意思則是指一種人性心理的防衛機制，這種機制普遍被用於隱匿實情，不是自欺，就是欺人。

以第二種用法而言，合理化就是指提出「聽起來很好」，但並非個人真心所想的理由。當一個人想要追求其既得利益，卻又想試圖維持表面上崇高道德目標的時候，往往就會把第二層意思的合理化派上用場。

舉例來說，政治人物收受特殊利益團體的大筆捐獻，並透過投票權或委員會決策行動來支持這些團體之後，往往會合理化自己的行為，表示自己的行為是出自高尚的動機，但實際情形卻是相反的。

第二種用法的合理化，也是一種防衛機制，讓人們可以達到目的，卻不用面對自己的自私面。合理化讓人們可以把真正的動機，隱藏在意識表層之下，然後才能白天做著不道德的勾當，晚上依然安穩入夢。

具有思辨能力的人，可以認知到合理化對於人類思想和行為的有害影響，或是可能的影響。他們明白，我們所有人都會不時地合理化自己的行為，所以我們才要花力氣，去削弱它在個人思想和生活中的出現頻率和影響力。

推理思考（reasoning）：從事實、觀察或假設，去進行判斷或推論。推理思考是指搞懂一件事情，讓這件事情在你心中產生某種意義。幾乎所有的思考，都是我們在生產意義的活動，例如我們聽到抓門聲時會想：「那是隻狗」，見到天空出現烏雲時會想：「看起來要下雨了。」這些活動有時候是在下意識中運作。

多數時候，我們的推理思考都平凡無奇，唯有在遭受別人質疑，使我們必須加以辯護的時候，那些思考才會變得明確具體（「為什麼你要說他很討人厭？我倒覺得他很討人喜歡。」）。若能了解到，我們可以、也應該定時檢驗所有推理思考的品質，那我們就能掌握自己的推理思考。

相關的（relevant）：和目前手上的事務、爭議或問題，有直接的關聯影響。一般人常常很難專注在某項議題，分辨出哪些資訊是和問題有關的，哪些又是無關的。廣義來說，要建立對相關性的敏銳度，最好是可以經由刻意練習——練習分辨相關和不相關的資料，評估或判斷它們的相關性，並去主張或反駁各種事實資訊的相關性。

相關性的第二種用法，則是指某件事是否適用於社會議題或生活狀況，以及適用程度有多高。學生們在學習某個學科的時候，常會質疑那個主題究竟與他們的生活有什麼關聯。雖然他們很有權利這麼質疑，但通常他們之所以宣稱某個主題與己無關，只是因為提不起學習的動機。然而，當他們在建立理智技巧的過程中，會與日俱增地了解到很多主題、議題、概念和學科，都和更好的生活習習相關，這是因為他們開始擁有了獨立的思考。

自我欺騙（self-deception）：人的天性中有自我欺騙的傾向，不願面對自己真實的動機、性格或身分。這種現象在人類世界中司空見慣，不過也多虧這種自我中心傾向，所有心理防衛機制才能順利運轉。

人類藉由自我欺騙，能暫時忘卻令人不快的現實，或將思考和行為上的問題擺一邊。自欺會強化自以為是與自我傲慢，以便我們將個人動機偽裝成利他無私或合情合理，來遂行私利。透過自欺，有些人可將罪惡的行為、政策和習慣，加以「正當化」。只要是人都會自欺，只是程度的差別罷了。借助批判性思考來克服自欺的毛病，是增強批判性思維的首要目標。

私利（selfish interest）：只在乎對自己有利的事，對他人的權利和需求漠不關心。所謂自私，就是沒有適度顧慮旁人，一心追求個人欲望。關心自己的福祉是一回事，但踐踏蹂躪他人的權益來滿足私欲又是另一回事。既然人類的本質是以自我為中心，追逐私利也不足為奇。我們常利用合理化及其他自欺的手段，來掩飾我們實際行為的真正動機和真實特性。要想成為公正無私的批判性思考者，就要極力避免自私的天性作祟，但也沒有必要犧牲任何正當合理的個人福祉和長期利益。

高度批判性的思考者（strong-sense critical thinkers）：能公正進行批判思考的人。這類思考高手具備以下幾項重要特點：（一）有強烈質疑自身觀點的傾向；（二）能發揮同理心和創造力，重新建立與以往迥然不同的觀點和視野；（三）傾向以多元邏輯的方式思考，如此一來便可判定何時個人觀點漏洞百出，何時對方觀點反倒無懈可擊；（四）能夠放下個人私心或既得利益，順應實情改變自我想法。具備高度批判思維的人，基本上思考技巧已登峰造極，會將擺在眼前的重要事證做通盤考量，重視所有相關論點。

理智美德（intellectual virtues）與心智習性（habits of mind）是其思想行為的主要特色，他們會避免被自己的想法蒙蔽。他們很清楚自身觀點是基於什麼樣的預設和觀念，也深知那些預設和觀念必須接受反對意見的考驗，即便面臨最嚴厲的指控也在所不惜。最重要的是，他們會依理性行事，也就是一旦其他觀念顯然更合情合理，他們就不再執著自身看法。

要教導學生成為最具批判意識的思考者，就得經常鼓勵他們闡釋、理解、批判自己異常嚴重的成見、偏見和誤解，進而發覺並質疑個人自我中心和群體中心的傾向。經常以自問自答的方式，思索切身相關的重大議題，是養成強烈批判意識所不可或缺的。

下意識思考（unconscious thought）：意識表層下的觀念、經驗或預設立場，但是卻對外在行為有顯著的影響；我們察覺不到，甚至是寧可渾然不覺的想法。下意識思考有兩種不同用法，第一種用法是把下意識思考和「潛意識思考」畫上等號，意指我們在任何特定時刻都察覺不出、但也沒有必要躲避的內心想法。

第二種用法，是指受到壓抑的想法，亦即在不知不覺中左右著有自覺的思考和行為，但我們卻基於某種理由不想承認的想法。那可能是痛苦或令人不快的經歷，也可能是某種功能失調的思考——例如自我合理化或其他形式的自我欺騙。

人的思考多半都屬於下意識的，一般人的言行很常受到內心的想法、假設及觀點所操縱，但他們卻絲毫不覺。舉凡自我中心或社群中心的思考都無法攤在陽光下，所以多少也都會在下意識層面運作。

只要是我們無法公然「擁有」的思想，就會潛藏在下意識層面，我們就很難有機會對它們進行分析評估，更無法深究它們如何影響我們的思考和行為。批判性思考者意識得到這一點，因而養成把下意識思想提高到意識層面的習慣，將之抽絲剝繭，以提升思考品質。

既得利益（vested interest）：增進個人好處，通常得犧牲他人；團體共同為追求集體目標，運用影響力來獲得好處，也常會犧牲他人。社群中心思考有個固有通病，就是只在乎團體的既得利益，每個組織團體恐怕都難逃人類天性的驅使——為滿足一己之私，不惜以犧牲他人利益作為代價。舉例來說，不少遊說團體會要求國會修法，增設對它們特別有利的條款。

傳統上，「既得利益」（vested interest）和「公共利益」（public interest）是兩個相反的詞彙。一個為公共利益遊說國會的團體，不會尋求少數人的利益，而是會保護多數。維護空氣品質符合公眾利益，使用劣等材料生產廉價車則是為了既得利益（保證讓汽車製造商賺大錢）。那些對既得利益念茲在茲的人，大多以「特定利益」（special interest）這個字眼來掩飾「既得利益」，因為他們不想讓內心真正的意圖露餡。這些人大力提倡，所有的團體都會維護和增進自身特定利益，想藉此把自己的私心，魚目混珠為公共利益。

世界觀（world view）：觀察和詮釋世界的方式。我們都有一套信念系統，可用以闡釋事件、情況、經驗、人物、自然界等等。我們對世界的看法，多多少少會隨時間而改變，而且隨著我們年齡增長而更豐富充實，每個新環境都是思考的起點。

換言之，我們會與時俱進地發展世界觀，汲取周遭人的觀念思維，決定哪些虛心接受，哪些敬謝不敏，然後帶著我們的世界觀迎向每個新情勢和新環境。如此一來，我們就會有一套信念系統，有如一張標滿各種觀念和預設立場的心靈地圖，可以用來體驗世界。但我們多半也常墨守於自己的世界觀，將自身的思考方式視為唯一正確之途。

我們大多數人的世界觀，都帶有濃厚的社群中心色彩，盲目接收那些左右著我們的群體觀念，比方說深信自己信奉的價值和理想。正因為我們難以擺脫社群中心的思考取向，所以就不會興起要當「世界公民」的念頭，也就是一視同仁地關心本國或他國人民的權利需求。

除了總體的世界觀外，我們還會有很多內在的「次要世界觀」。有些立基於性別，有些立基於經濟，有些則立基於文化等。這些次要觀點之間很可能存在多重矛盾，只是我們渾然不覺。批判性思考激發我們面對這些矛盾，並設法解決，直到我們的信念系統能達成心智和道德的統合。

目前大部分的學校教育都沒有善盡努力，幫助學生抓到看世界的角度，了解這些世界觀如何決定著他們對於周遭人事，會有什麼樣的體驗、角度和結論。所以，多數學生根本不知道自己有世界觀，也不明白世界觀其實可以形塑。在學習培養高度批判性的思考時，我們的優先要務就是發掘自己的世界觀，並且開放看待其他人的看法[19]。

19 本辭彙表中許多簡明定義，都是參考以下書目所制定：《線上英語字源辭典》（*Online Etymology Dictionary*）、《藍燈書屋全文版辭典》（*Random House Unabridged Dictionary*）、《美國傳統英文辭典》（*The American Heritage Dictionary of the English Language*）、《韋氏新世界大學辭典》（*Webster's New World College Dictionary*）、《韋氏辭典》（*Webster's Revised Unabridged Dictionary*）WordNet3.0版。

30 堂帶來幸福的思辨課

原書名　30 Days to Better Thinking and Better Living Through Critical Thinking: A Guide for Improving Every Aspect of Your Life, Revised and Expanded
作　　者　琳達 ‧ 艾爾德（Linda Elder）、理察 ‧ 保羅（Richard Paul）
譯　　者　林佳誼
企畫選書　黃鈺雯
責任編輯　黃鈺雯、鄭凱達
版　　權　黃淑敏、顏慧儀
行銷業務　周佑潔、林秀津、黃崇華、賴正祐、郭盈均

總編輯　陳美靜
總經理　彭之琬
事業群總經理　黃淑貞
發行人　何飛鵬
法律顧問　元禾法律事務所 王子文律師
出　　版　商周出版　臺北市中山區民生東路二段 141 號 9 樓
電話：(02)2500-7008　傳真：(02)2500-7759
E-mail：bwp.service@cite.com.tw
發　　行　英屬蓋曼群島商家庭傳媒股份有限公司　城邦分公司
台北市 104 民生東路二段 141 號 2 樓
電話：(02)2500-0888　傳真：(02)2500-1938
讀者服務專線：0800-020-299　24 小時傳真服務：(02)2517-0999
讀者服務信箱：service@readingclub.com.tw
劃撥帳號：19833503
戶名：英屬蓋曼群島商家庭傳媒股份有限公司城邦分公司
香港發行所　城邦（香港）出版集團有限公司
香港灣仔駱克道 193 號東超商業中心 1 樓
電話：(825)2508-6231　傳真：(852)2578-9337
E-mail：hkcite@biznetvigator.com
馬新發行所　城邦（馬新）出版集團
Cite (M) Sdn Bhd
41, Jalan Radin Anum, Bandar Baru Sri Petaling,
57000 Kuala Lumpur, Malaysia.
Tel：(603)90563833　Fax：(603)90576622
Email: services@cite.my

封面設計　張嚴
內文設計排版　一瞬設計
印　　刷　韋懋實業有限公司
經銷商　聯合發行股份有限公司
新北市新店區寶橋路 235 巷 6 弄 6 號 2 樓
電話：(02)2917-8022　傳真：(02)2911-0053

城邦讀書花園
www.cite.com.tw

ISBN　978-626-318-505-0

定價　350 元
2023 年 1 月 5 日二版 1 刷
2023 年 3 月 2 日二版 2.1 刷

國家圖書館出版品預行編目 (CIP) 資料

30 堂帶來幸福的思辨課 / 琳達 . 艾爾德 (Linda Elder), 理察 . 保羅 (Richard Paul) 著 ; 林佳誼譯 . -- 二版 . -- 臺北市 : 商周出版 : 英屬蓋曼群島商家庭傳媒股份有限公司城邦分公司發行 , 2023.01
面 ;　公分 . --

譯自 : 30 Days To Better Thinking And Better Living Through Critical Thinking : A Guide For Improving Every Aspect Of Your Life, Revised and Expanded
ISBN 978-626-318-505-0(平裝)

1.CST：思考 2.CST：自我實現

176.4　　11018815

商周出版

廣	告	回	函
北區郵政管理登記證			
北臺字第000791號			
郵資已付，免貼郵票			

104　台北市民生東路二段141號2樓

英屬蓋曼群島商家庭傳媒股份有限公司城邦分公司　收

請沿虛線對摺，謝謝！

商周出版

書號：BO0196X	書名30堂帶來幸福的思辨課	編碼：

請於此處用膠水黏貼

商周出版

讀者回函卡

感謝您購買我們出版的書籍！請費心填寫此回函卡，我們將不定期寄上城邦集團最新的出版訊息。

不定期好禮相贈！
立即加入：商周出版
Facebook 粉絲團

姓名：＿＿＿＿＿＿＿＿＿＿＿＿＿＿＿＿ 性別：☐男 ☐女

生日：西元＿＿＿＿＿＿年＿＿＿＿＿＿月＿＿＿＿＿＿日

地址：＿＿＿＿＿＿＿＿＿＿＿＿＿＿＿＿＿＿＿＿

聯絡電話：＿＿＿＿＿＿＿＿＿＿ 傳真：＿＿＿＿＿＿＿＿＿＿

E-mail ：

學歷：☐ 1. 小學 ☐ 2. 國中 ☐ 3. 高中 ☐ 4. 大學 ☐ 5. 研究所以上

職業：☐ 1. 學生 ☐ 2. 軍公教 ☐ 3. 服務 ☐ 4. 金融 ☐ 5. 製造 ☐ 6. 資訊
☐ 7. 傳播 ☐ 8. 自由業 ☐ 9. 農漁牧 ☐ 10. 家管 ☐ 11. 退休
☐ 12. 其他＿＿＿＿＿＿＿＿＿＿＿＿＿＿＿＿

您從何種方式得知本書消息？

☐ 1. 書店 ☐ 2. 網路 ☐ 3. 報紙 ☐ 4. 雜誌 ☐ 5. 廣播 ☐ 6. 電視
☐ 7. 親友推薦 ☐ 8. 其他＿＿＿＿＿＿＿＿＿＿＿＿

您通常以何種方式購書？

☐ 1. 書店 ☐ 2. 網路 ☐ 3. 傳真訂購 ☐ 4. 郵局劃撥 ☐ 5. 其他＿＿＿

您喜歡閱讀那些類別的書籍？

☐ 1. 財經商業 ☐ 2. 自然科學 ☐ 3. 歷史 ☐ 4. 法律 ☐ 5. 文學
☐ 6. 休閒旅遊 ☐ 7. 小說 ☐ 8. 人物傳記 ☐ 9. 生活、勵志 ☐ 10. 其他

對我們的建議：＿＿＿＿＿＿＿＿＿＿＿＿＿＿＿＿＿＿＿＿

＿＿＿＿＿＿＿＿＿＿＿＿＿＿＿＿＿＿＿＿

＿＿＿＿＿＿＿＿＿＿＿＿＿＿＿＿＿＿＿＿

請於此處用膠水黏貼